Sammlung Luchterhand 811

Über dieses Buch: »Ich könnte im Augenblick ohne Österreich überhaupt nicht existieren und könnte mir keinen anderen Platz zum Leben und keinen anderen Platz zum Arbeiten vorstellen.« Dieses Bekenntnis zu Österreich formulierte Peter Turrini 1980. Er selber bezeichnete sich seit seinem ersten Stück *Rozznjogd* als Heimatdichter. Ein Widerspruch?

»Bauern schlugen ihre Frauen und Kinder, unser Nachbar erschoß sich mit einem Schlachtschußapparat, Kleinbauern gingen zugrunde und in die nahegelegene Stadt arbeiten.« Heimatwirklichkeit, Heimattümelei – aus diesem Widerspruch entstanden Peter Turrinis Theaterstücke, seine Filme *Alpensaga* und Gedichte. Dieser Widerspruch hat ihn auch immer wieder Partei ergreifen lassen, gegen Willkür, gegen bornierte Kulturauffassungen. Seine Reden, Polemiken, Aufsätze seit 1971, zunehmend vehementer werdende politische Einsprüche, sind in diesem Band gesammelt, neben den Stücken ein gewichtiger Bestandteil seines Werks von gleichem literarischen Rang.

Über den Autor: Peter Turrini wurde 1944 in St. Magarethen/Kärnten geboren und wuchs in Maria Saal auf. Zwischen 1963 und 1971 war er in verschiedenen Berufen tätig. Seit 1971 freier Schriftsteller wohnhaft in Wien und Retz/Weinviertel. Er wurde 1981 mit dem Gerhart-Hauptmann-Preis ausgezeichnet. Im Luchterhand Literaturverlag erschien bisher: Rozznjogd/Rattenjagd. Ein Stück (1988).

Peter Turrini

Mein Österreich

Reden, Polemiken, Aufsätze

Luchterhand
Literaturverlag

Sammlung Luchterhand, November 1988

Für die einzelnen Beiträge siehe Quellenverzeichnis am Schluß des Bandes. Umschlagentwurf: Max Bartholl. Satz: Uhl + Massopust, Aalen. Druck: Wagner, Nördlingen. Printed in Germany.
ISBN 3-630-61811-1

Inhalt

Zwei Briefe

Hören Sie zu,
gut zu. Kommen Sie näher,
noch näher, bitte ganz nahe, gut so, direkt
mit dem Ohr ran, sehr schön, und jetzt (mit Gebrüll):
Es geht zu Ende!!!!
Zu *Ende* mit den Worten der schönen Kunst,
der erwählten Literatur, diesem Dreck auf
dem schmackhaften Butterbrot einer verlorenen
Sensibilität.
Zu *Ende* mit den Worten der Werbung,
diesen Büroklammern der Sprache, die als Nägel
von den Fingern des Wohlstandes
gerissen werden: AAUUUAAAA schreit
ELISABETH ARDEN.
Zu *Ende* mit der Sprache der Ideologien,
Programme, Ismen, diesem zähflüssigen Pesthauch in
der humanistischen Schweinsblase des Bürgers.
Zu *Ende* mit den Worten der Liebe, diesen
scheißigen und soufflierten EKG-Tönen der Sprache.
Zu *Ende* mit diesem Brief.
Am *Anfang* war das Grunzen. Und so
soll es werden. Und so soll es bleiben.
BH von TRIUMPH! driumpfff! driumpff!!
druuummmfffff uummmpfffff!!!!!!!!
uuuuuuuuummmmmmmmmpfffffff!!!!! umpf!
Haben Sie den Versuch unternommen, mich
zu verstehen? Haben Sie mich verstanden,
ein bißchen, etwas, ein wenig? Ja? Dann
wünsche ich mir und Ihnen und allen Hurentreibern,
Sklaven und Dichtern, allen Pfarrern,
Schustern und Locherinnen wünsche ich

einen baldigen Veitstanz auf dem
klerikalen Misthaufen der Sprache.

Wie geht's? Wie steht's?
(Turrini, Peter, Ihr) (1971)

Lieber Götz!
Die Wahrhaftigkeit des Theaters (und damit sein Ende) ist bestimmt keine Frage der besseren Technik, so wenig das wahre Recht (und damit das Ende der Justiz) eine Sache der Paragraphen sein kann und so wenig die Wahrheit (und damit das Ende der Lüge) eine Angelegenheit des besseren Arguments ist.
Ein Theater, welches sich selbst im Weiterentwickeln seiner technischen Möglichkeiten sucht, ist kein Theater der Wahrheit, es ist an keinem Punkte des Menschen angelangt. Es ist nur das nächste Modell auf dem vermeintlichen Wege zur Wirklichkeit.
Wenn die Modelle der Psychoanalyse die menschliche Wirklichkeit nur erreicht hätten, es gäbe diese Wissenschaft nicht mehr. Wenn die Thesen der Philosophie den Menschen auch nur einmal erklärt hätten, wir wüßten, woran wir wären. Wenn das Theater uns nur endlich erfassen würde, wir bräuchten es nicht mehr.
Da Worte die Säulen von Modellen, Erklärungen, Philosophien, Programmen usw. sind, da sie scheinheilig der Vorstellung Vorschub leisten, Programm und Wirklichkeit könnten einander treffen, verachte ich sie. Ihren phonetischen und akustischen Erscheinungen aber kann ich, da sie wertfrei sind, vertrauen. Deine Arbeit ist mir dort, wo sie am gutturalsten ist, am liebsten, wo du aber darangehst, den Schrei mit neuer und neuester Bühnenwirksamkeit einzurichten, am fernsten.
Ich will versuchen, mich auf dich einzudenken, ich spiele einmal mit. Wir haben gesagt, daß die Weiterentwicklung des Theaters mit der Wahrheit nichts zu tun hat. Theater ist und bleibt also ein Spiel, oder sagen wir: das Herstellen und

Weitergeben von Spielformen. Was den Produzenten gefällt und den Empfängern der Produktion gefallen soll, ist ein Abkommen im Bereich der Sinne. Die einzige Frage, die es an dieses Theater geben könnte, wäre die Frage nach der Intensität. Wie kann möglichst viel ergriffen, betrübt, gelacht, erfaßt, erschreckt, verstört, gerührt werden?
Es soll also mit dem Publikum gesprochen werden. Wer die Untensitzenden treffen will, muß sie betroffen machen. Die Angelegenheit da oben muß eine für die da unten sein. Man muß von denselben Dingen reden. Der Stoff des Theaters sind alle. Der Anzug, den Theaterproduzenten aus diesem Stoff schneidern, hat allen zu passen. Ich möchte, wenn ich ein Theater wollte, das Theater jedes einzelnen.
Die bestehende Situation korrigiert diesen Wunsch, der Anzug paßt kaum jemandem, manche sagen, paßt höchstens den falschen. Ich will gar nicht fragen, wer für diese Situation zuständig ist, die Antwort würde einem gezeichneten Horoskop gleichen, mit den Unterschriften sämtlicher Intendanten und Theatervereinsleiter.
Wenn ich jetzt deine Arbeit hinzuziehe, dann läuft der Laden wieder. Ein gutes Theater setzt gute Sinne voraus. Wer mehr hört, spürt, sieht, riecht, hat mehr davon. Das machst du doch: die rostigen Nägel aus den Ohren ziehen. Du kehrst die Ofenrohre für Neues, putzt die Schächte für Weiteres.
Jetzt steige ich aus dem Modell wieder aus und frage: Was Weiteres? Was Neues? Ideen? Programme? Theater? Sprache? Anschauungen? Gedichte? Vorlesungen? Du weißt, ich leide an der Vorstellung, unser Gehirn sei eine Klomuschel, in welche ständig neuer Dreck hineinrinnt.
Du siehst und spürst, ich bin an dem Gedanken, etwas zu Ende zu bringen und etwas neu zu beginnen, gescheitert. Es fällt mir weiterhin die Aufgabe zu, etwas zu beenden. Ich kann mir jedes Theater vorstellen, aber vielleicht will ich keine Vorstellungen und Verstellungen mehr. (1971)

Schicksal und Wende

Ein Dichter sollte, so das vielgeübte Wort, nicht über seine Werke, sondern vielmehr durch sie sprechen. Dieser klugen Einsicht mit Absicht zu entsagen, fiel mir nicht leicht, und doch glaube ich, meinem Roman »Schicksal und Wende« Erklärendes, ja Klärendes vorausschicken zu müssen.

Das Mißverständnis der modernen Kunst ist, so meine ich, wohl dieses: mit Ingrimm versucht sie dieser bestehenden Welt durch Wahrheit beizukommen, während das Publikum dieser Welt mit Illusion zu entfliehen trachtet. Das macht den Künstler so einsam, und Einsamkeit ist auch mit eines der Themen meines neuen Romans.

Themen wie Umweltverschmutzung und Unterwelt, Wassernot und Wohlfahrt waren mir Anliegen, wenn auch nicht Wesenheiten des Romans.

Der Schmerz, sagt Max Binder, ist das Fleisch des Lebens und die Seele der Kunst. Dieser Satz erklärt, besser als eigene Worte es täten, warum ich allein 47 Seiten meines Romans »Schicksal und Wende« dem Schmerz gewidmet habe.

»Schicksal und Wende«, mehr Andeutung als Überschrift, schildert die Seinserfahrung eines jungen Menschen. Er erzählt, universell in der Anlage, menschlich im Detail, Freud und Leid des Homo sapiens, eben dieses: Schicksale und Wenden.

Der Mensch und die Kunst sind alt geworden, wenn ich so sagen darf, und doch nicht müde, einander sich würdig zu erweisen. Ich habe stets danach getrachtet, auch wenn die Absicht größer war als das Ergebnis, die große Aufgabe der Menschenschilderung mit Würde zu erfüllen. Mich nach »Schicksal und Wende« noch einen vulgären Realisten zu nennen, hieße, das Fehlurteil mehr als das Urteil zu lieben.

»Schicksal und Wende« ist ein Schlüsselroman. Was soll

ent-, was verschlüsselt werden? Die Welt ist, wie sie ist, sagt eine Binsenweisheit, und es stünde der Kunst schlecht an, sie so zu zeigen. Nein, im Dargestellten soll sich Höheres spiegeln, soll sich die Blüte des menschlichen Geistes, die menschliche Kultur, die Wahrheit erkennen. Mir ist Wahrheit Schönheit, und insofern ist »Schicksal und Wende« ein sehr schönes Buch.
Worum geht es eigentlich in diesem Roman? Wie ich schon sagte, sind Mensch und Schmerz, Würde und Schicksal seine Säulen. Dazwischen tummelt sich die bunte Vielfalt des Lebens: Kellerstiegen und Bierkutscher, Nachbarinnen und Unterhosen, Taschenuhren und Schnapsnasen und wie die Erscheinungsformen des Irdischen noch alle heißen mögen.
Mir aber galt es, das Wesen zu erforschen, den Grund allen Leidens, die Quelle aller Einsamkeit, mir stand die Frage nach dem Sinn und nicht nur nach dem Sein.
Und die Antwort? Heißt sie nicht Schicksal? Und die Hoffnung? Heißt sie nicht Wende? (1972)

Kritikerbeschimpfung

Die Frage, ob der Theaterkritiker überhaupt ein Mensch ist, wird nicht selten durch eine andere verdrängt, nämlich die, ob es sich bei ihm vielleicht schlicht um einen Vollidioten handelt. Dieser Verdacht wird immer schwerwiegender, wenn man die österreichischen, und da wir schon in Klagenfurt sind, die örtlichen Kritiken liest. Hier will ein Kritiker anläßlich meiner »Rozznjogd«-Aufführung (mein Stück »Sauschlachten« hält die hiesige beamtete Kulturmafia bis auf den heutigen Tag unter der Trachtenjoppe versteckt), will also ein Kritiker »den Trauerflor über das geschändete Theater hängen«, ein anderer sieht bei anderer Gelegenheit »die Welt in der Gosse versinken«, der nächste wiederum warnt vor jenen »Pseudo-Dichtern«, die der »Menschheit nichts anderes zu bieten haben, als ihren Darminhalt«. Trifft dieser Typ des Kritikers auf einen Klassiker, so entrinnt »der Zeitgeist seinen irdischen Klammern« und »Gültiges wird zu ewig Gültigem« und weiter »der Mensch wird zum Schicksal, das Schicksal zum Fanal«. Ich würde sagen, der Kritiker wird zum Idioten, und »wir sollten unseren Zorn abwenden von jenen bedauernswerten Menschen, die unseres Mitgefühls bedürfen«. Übrigens auch ein Satz von einem Kritiker.

Viele dieser österreichischen Kritikeridioten sind jedoch durchaus nützlich.

Erstens dienen sie – wie die meisten Österreicher – dem Fremdenverkehr. Sie bestärken den bundesdeutschen Ausländer in seiner Meinung, es handle sich bei den Österreichern um ein derart ulkiges Völkchen, welches man – eine Art Zoobesuch – bei nächster Urlaubs- oder Tagungsgelegenheit dringend sehen müsse.

Zweitens helfen sie unserer Regierung, die zwar eine rote ist, was sie aber in Hinblick auf einige Wählerstimmen nicht sagen darf, weshalb sie weiterhin in anständigem Schwarz einherschreitet.

Dieser Regierung paßt es offensichtlich in den Kram, daß ihr sozialistischer Kultusminister über dreißig Millionen in das Wiener Raimundtheater steckt, nur damit eine Greisin namens Marika Rökk weiterhin ihre Runzelbeine über die hochsubventionierten Bretter werfen darf, während er das einzige Wiener Theater mit einem forschrittlichen Spielplan, das Theater der Courage, verkommen läßt. Dieser Minister hat zu Beginn seiner Amtsperiode davon gesprochen, er werde »die heiligen Kühe der Nation melken«, und was macht er heute? Er füttert und füttert sie, allein die Oper kostet täglich mehr als eine Million Schilling. Viertausend

Schilling zahlt der österreichische Arbeiter für jeden, der seinen Arsch in dieses Mausoleum setzt, um bei den »Klängen wagnerischer Musik die Grenze zwischen Traum und Wirklichkeit zu vergessen«. Jawohl. Dafür zahlt der österreichische Arbeiter seine Steuern, nichts liegt ihm mehr am Herzen als eine Hamburger Geschäftsfrau, die sich beim Besuch der Wiener Oper (Interviewauszug) »kulturell unglaublich wohl fühlt«.
Dabei soll es auch bleiben. Keine Angst, werte Gäste aus dem Ausland. Die Arbeiter werden dank ihres großzügigen Ministers auch weiterhin dafür sorgen, daß die Wiener Sängerknaben nicht allzufrüh in die Pubertät kommen. Geschätzter Tourist, wir werden fleißig arbeiten, damit du Österreich auch so vorfindest, wie dein Prospekt es dir vorschreibt. Mozart in der Oper und als Schokoladekugel. Schubert im Konzert und in Gips. Friß und genieß! Wir sind ein freundliches, aber kein kapitalistisches Land.
Beim Kapitalismus fallen mir die Kritiker wieder ein, zumal die österreichischen, zumal die Idioten, die nützlichen.
Drittens nützen sie nämlich – wer hätte das gedacht – der Werbeindustrie. »Coca. Cola. Man muß den Namen hierherschreiben, als wär's ein bisher Unbekannter. Coca. Cola. Glasklar und schwelgerisch, böse und sentimental, zwischen Leben und Lebenslüge balancierend, erschafft es einen Menschen. Einen Kleinbürger. Der doch alle um einen Kopf überragt.«
Der überragende Kopf, der dies formuliert hat, heißt György Sebestyèn und ist Chefkritiker der größten österreichischen Tageszeitung. Ich habe mir lediglich die Freiheit genommen, den Namen eines Schauspielers durch den eines bekannten Produkts zu ersetzen. Im Original liest sich das so: »Paul Hoffmann. Man muß den Namen hierherschreiben, als wär's ein bisher Unbekannter. Hoffmann. Paul. Glasklar und schwelgerisch, böse und sentimental, zwischen Leben und Lebenslüge balancierend ...« und so weiter.

Dieser Schwachsinn hat immerhin Methode. Sein Zweck besteht nämlich schlicht und einfach darin, den Marktwert eines Schauspielers zu heben. Aber wie gesagt, wir sind zwar glasklar und schwelgerisch, böse und sentimental, zwischen Leben und Lebenslüge balancierend, aber wir sind kein kapitalistisches Land. Leider ist daran gar nichts zum Lachen. Denn diesen Torbergs und Weigels samt ihrem geistigen Wurmfortsatz ist es bis auf den heutigen Tag gelungen, alles zu verbieten, zu verfälschen, abzuwürgen, lächerlich zu machen, zu unterschlagen, zu verdrehen, einzuschüchtern, was die Zustände anders zu erklären versucht als aus dem Blickwinkel des Darwinismus. Das ist das witzlose Fazit einer Situation, die ich wirklich nicht mehr zum Lachen finde. (1972)

Moral und Unmoral

Freunde!
Wir leben im Zeitalter der ungerechten Verteilung von Bosheit. Kleine privilegierte Gruppen horten die Falschheit. Minderheiten besitzen die Lüge. Während das Volk mit althergebrachten Tugenden sein Dasein fristet, schwelgen die Auserwählten in den Genüssen der Schlechtigkeit, laben sie sich an den süßen Quellen der Unmoral. Ihrer ist Mord und Totschlag, Haß staut sich in ihren erlesenen Seelen, während die Liebe als Massenartikel eure armen Herzen tröstet. Aus euren Därmen saugen sie das süße Brot der Verwesung, aus den fetten Töpfen des Müßiggangs fressen sie alleine. Sie erbauen sich an der Schönheit der Unterdrükkung, genießen die Freiheit des Quälens, kleiden sich mit

dem feinen Faden der Intrige, während ihr euch in den groben Stoff der Aufrichtigkeit zwängt.
Das Schlechte macht das schöne Leben. Euch sperren alle Ketten von der Lust des Bösen.
Deshalb seid ihr wahrhaftig, weil ihr die Süße der Lüge nicht kennt. Ihr schöpft, voll Schweiß, aus dem Brunnen der Gerechtigkeit, anstatt im Blute der Rache zu schwimmen. Euch ist der Geschmack mit Wahrheit verdorben, ihr schlagt euch die Zähne mit Redlichkeit ein, ihr verderbt euch den Magen mit Tugend, ihr verkohlt euch die Füße mit Ausdauer, ihr freßt euch mit Fleiß durchs Leben, ihr geht mit Anstand zugrunde.
Das Schlechte macht das schöne Leben. Warum steht ihr hungernd am vollen Tische der köstlichsten Todsünden?
Ihr wollt auch zugrunde richten, aber man gibt euch Nachrichten. Ihr wollt auch morden und dürft doch nur darüber lesen. Ihr wollt auch betrügen und werdet doch nur betrogen. Ihr wollt auch falsch sein und habt es nie gelernt. Ihr wollt auch Schweine sein und seid doch zu lange zur Schule gegangen. Was Blut und Sperma sind, ihr Leutchen, werdet ihr kleingedruckt nie erfahren.
Ihr stinkt nach Tugend, wo ihr nach Verbrechen duften könntet. Ihr hinkt mit Geduld, wo ihr mit Bosheit treten könntet. Ihr krümmt euch vor Achtung, wo euch die Verachtung doch so herrlich aufrichten würde, und selbst im Scheißen seid ihr noch pünktlich. O Gott, das Gute, das Wahre, das Schöne hat euch böse zugerichtet.
Arschkekse! Besoffene Medientrinker! Fremdgänger der Sinne! Falschheit ist schön, sie macht euch geschmeidig. Dummheit ist gut, sie macht euch bedeutend. Erpreßt, und ihr seid unentbehrlich. Tötet, und ihr seid ein Beispiel. Vergewaltigt, das gibt euch Selbstvertrauen. Mordet, das macht euch attraktiv. Lügt, und ihr werdet gefragt. Hurt, das macht euch verwegen. Schlagt, das macht euch menschlich. Zerstört, das bildet.

Schreit: der Mord ist Gemeingut. Bosheit für alle. Blut dem Volke. Wir sind für eine gerechte Verteilung des Bösen. Gleicher Haß für alle. Brüllt: immer wieder Krieg. Für eine gerechte Verteilung der Leichen. Sozialismus fürs Töten, fürs Brennen, fürs Morden, für die Lüge, den Haß, die Bosheit, die Geilheit. Brüllt, brüllt nach den Gütern der Schlechtigkeit.
Brüder! Die Stunde des Heils ist nah. Reißt alle Bücher, diese Lungenflügel der Begnadeten, aus den Läden. Reißt sie, die Plakate, die Pamphlete, die Bibeln und Bischöfe, nehmt ihnen die Luft aus den Beinen, die Rinde vom Arsch. Hängt sie auf: den höchsten Galgen, den dicksten Henker. Verbrennt sie mit der keuchenden Weißglut eurer Augen. Zerbrecht die Telefone, zerbrecht sie, die Telefone an ihren zähen Adern. Brecht die Gebildeten, die Vorteilhaften, brecht sie aus den Kleidern, die Bedeutenden, die Unentbehrlichen, brecht sie, stampft sie unter die Lust eurer glühenden Sohlen. Herrgott! Gepriesen sei das Rieseln der zerrissenen Kataloge zwischen den Zehen. Ein Weihelied auf den Rhythmus der zerstörenden Hände. Alles, alles mordet, mordet. Schafft das Ludern an. Schafft die Liebe ab. Mit euren Leisten werdet ihr es schaffen. Hurt und seid verwegen. Erpreßt, seid unentbehrlich. Tötet, ihr seid ein Beispiel. Schlagt, ihr seid menschlich. Zerstört, ihr seid gebildet.

Für Helmut Qualtinger (1972)

Witz und Macht

»Scheiße in aeternam! Will Er die Entscheidung eines spanischen Granden angreifen? Ich lasse Ihn auspeitschen!« brüllt Graf Almaviva, und Figaro antwortet: »Herr Graf, das Recht ist so sehr auf Eurer Seite wie die Macht. Also habt Ihr die Macht, recht zu haben.« Und an anderer Stelle sagt Susanne: »Euer Witz ist so gewaltig, Herr Graf, daß man vor Gewalt den Witz nicht sieht.«

Worum geht's? In Graz wird derzeit mein neues Stück »Der tollste Tag« geprobt. In drei Tagen ist Premiere, österreichische Erstaufführung. Der »Tollste Tag« ist eine umgeschriebene Fassung von Beaumarchais' »Ein toller Tag oder Figaros Hochzeit«. Natürlich wollte ich dem Meister Beaumarchais nichts am hochberühmten Zeug flicken. Ich habe seinen Stoff genommen, um damit etwas auszuprobieren: das Verhältnis von Witz und Macht. Oder: von Sprache und Tatsachen.

Bei Beaumarchais besiegt der Witz die Gewalt, Figaro den Grafen. Die Möglichkeiten der Sprache sind größer als die der Macht. Ich verstehe das als ein Kriterium der Komödie, gemessen an den damaligen gesellschaftlichen Verhältnissen, halte ich es für eine Illusion. Denn die Gewalt, die Macht, erlaubt den Witz der Machtlosen nur so lange, als ihre Interessen davon nicht bedroht werden. Geschieht dies, so dreht sich der Mechanismus um: die Verhältnisse sind stärker als die Sprache. Wenn die Gewalt die Tatsachen schafft, ist der Witz keine Waffe mehr.

Ob die politische Aussage meines Stückes auf dem Theater zum Tragen kommt, ist unter anderem eine Frage der Theaterstruktur. Solange das Theater und seine Beteiligten sich nicht selbst in Frage stellen, schätze ich den Wert meiner Arbeit nicht allzu hoch ein.

Das Theater hat, wenn überhaupt, die Funktion des Widerstandes. Fritz Zecha, der Regisseur der Grazer Aufführung, produziert diesen Widerstand durch Genauigkeit. Sätze und Bewegungen werden dutzendmal geprobt, verworfen und wieder geprobt. Das ist sicherlich keine angenehme Arbeitsmethode, aber sie provoziert das Können der Schauspieler.
Zecha hat sich, konsequenterweise, auch gegen einige Stellen meines Textes gewehrt. Ich gebe zu, daß mir das manchmal sehr auf die Nerven gegangen ist, so wie anderen Leuten meine Kritik auf die Nerven geht.
Aber genau an diesem Punkt entscheidet sich, ob man totes oder lebendiges Theater will: ob man sich der Kritik stellt oder sich ihr entzieht. Die Dichter reden sich auf den genialen Einfall aus. Die Schauspieler auf den schönen Beifall. Die Regisseure auf die guten Kritiken. Der Intendant auf die Geldgeber. Ja, und die Geldgeber? Die klopfen sich gegenseitig auf die Schulter und beglückwünschen sich zu dieser Art von Kulturförderung. Merken sie wirklich nicht, daß sie einen exklusiven Friedhof fördern, oder ist ihnen die Ruhe recht?
Wenn die Gewalt die Tatsachen schafft, ist der Witz keine Waffe mehr. Gewalt ist nur mit Gewalt zu beantworten. Wenn in meinem Stück der Graf Susanne vergewaltigt, so bringt ihn Figaro um. Zecha hat mich gefragt, was dieser Tyrannenmord dem Zuschauer von heute zu sagen hat. Wir leben nicht mehr im Absolutismus, sondern im Kapitalismus. Es hat wenig Sinn, einen steirischen Großgrundbesitzer mit dem Lasso einzufangen. Tyrannenmord heute heißt für mich: zu zeigen, wer die Macht hat, und wie sie angewendet wird. Die Arbeit ist weniger pathetisch, sie ist genauer geworden.
Nach einer der letzten Proben in Graz bin ich nach Maria Saal gefahren. Ich habe dort einen Freund getroffen, der drei Monate im Gefängnis war. Er hat mir erzählt, daß die

Justizwachebeamten die Gefangenen schlagen, vorwiegend in die Magengegend, damit man es nicht sieht. Scheiße in aeternam? (1972)

Umfrage

1. Glauben Sie an Gott?
2. Wie halten Sie es mit der Religion?
3. Was bedeutet Ihnen Ostern?

Peter Turini, 29, Dramatiker
1. Ich glaube an Gott, den allmächtigen Vater, Schöpfer des Himmels und der Erde, einschließlich aller Verbrechen, die auf ihr stattfinden. Ich hoffe, daß sich Interpol demnächst mit diesem Herrn beschäftigt.
2. Ich bin vaginal-orthodox.
3. Christuswitze. (1973)

Manifest

1. Der österreichische Unterrichtsminister erklärt in kühnen Worten die österreichische Kulturpolitik – unter einer Gasmaske.
2. Die Subventionen fließen in die Donau. Die Talentierten gehen baden.
3. Die österreichischen Künstler erhalten ein eigenes Gehege in den Schladminger Tauern.

4. Beethoven-Konzerte und Blaskonzerte werden grundsätzlich synchron aufgeführt.
5. Alle Theaterbesucher werden in den Vorräumen geduscht und desinfiziert. Ihre Goldzähne wandern in die weitgeöffneten Taschen der Billeteure.
6. Kulturfunktionäre werden als Kunstdünger verkauft.
7. Journalisten, die unter den Einfluß der eigenen Meinung geraten, kommen durch Zufälle unter die Räder.
8. Die österreichische Presse fusioniert mit der Toilettenpapierindustrie. Die Ärsche der Mitbürger werden gebildeter.
9. Ein Wiener Heurigensänger wird als Martin Bormann entlarvt und wegen Anmaßung verurteilt.
10. Die Trunkenheit wird als Gottesgnade erkannt. Grinzing wird Gnadenort.
11. Im Zuge des großen Andranges stellen sich die Krankenhäuser auf Selbstbedienung um.
12. Die Kanäle der Stadt Wien werden als Erholungsgebiet freigegeben.
13. Der Kampf gegen die Umweltverschmutzung wird auf Bundesebene organisiert. Jeder Österreicher erhält ein Schmetterlingsnetz.
14. Der menschliche Geist wird als rezeptpflichtig erkannt und kann nur in Apotheken abgegeben werden.
15. Der Mensch wird für frei und unabhängig erklärt, ebenso das Wild.
16. Der Arsch ist auch nur ein Mensch und als solcher verletzlich.
17. Alle Macht geht von dort aus, wo sie zu Hause ist.
18. Alle Österreicher sind professionelle Mörder, ausgenommen jene, die eine amtliche Bescheinigung vorweisen können.
19. Die Knüppel der Polizisten werden mit einem Präservativ überzogen.
20. Österreich erhält einen Klappsitz in der Liga für Menschenrechte.

21. Der Satz »Ich liebe dich« wird ersatzlos gestrichen.
22. Die Benutzung des Begriffes »Nächstenliebe« wird mit Strafmandaten geahndet.
23. Die Liebe wird als öffentliches Verkehrsmittel deklariert und nach Tarifpreisen entlohnt. Alle Koitierenden werden Mitglieder der Gewerkschaft.
24. Schamhaare unterliegen der Mode.
25. Im Rahmen der romantischen Welle avanciert der männliche Samen zum Eierlikör.
26. Der Bundespräsident wird gesalbt. Die Feierlichkeiten finden im Auge Gottes statt.
27. Der österreichische Bundeskanzler Kreisky nimmt das Äußere von Donald Duck an, um sich bei jung und alt noch beliebter zu machen.
28. Das österreichische Volk produziert in seiner Gesamtheit täglich 1750 Tonnen Scheiße und 7200 Hektoliter Urin. Diese Zahlen gelangen im Zuge der sozialdemokratischen Transparenz an die Öffentlichkeit.
29. Amerika feiert den 44. Mondflug. Österreich den 2. Weltkrieg.
30. In einem Tiroler Tal wird der längste Penis seit Jahren gemessen.
31. Die Abtreibung wird von rechts legalisiert und darf schon in frühester Kindheit erfolgen.
32. Die heilige Maria Mutter Gottes bekommt ein zweites Kind. Es hat einen schweren S-Fehler.
33. Jesus Christus, Lou van Burg und Adolf Hitler werden rehabilitiert.
34. Das »Wort zum Sonntag« wird in Zukunft von den Gewerkschaften bestritten. Der klerikale Ton bleibt.
35. Knorr ersetzt Gott. Der Heilige Geist erscheint in Hinkunft mit den Worten: »Wer knorrt, hat's leichter.«
36. Omo und Persil werden unter dem Beifall der progressiven Priesterschaft getraut.
37. Der Bischof von Gurk wird hinter St. Veit erschossen.

38. Beichtstühle werden als Verschleißstellen für Pornographie konzessioniert.
39. Der Papst nimmt die Pille. Während der Menstruation entfallen die Audienzen.
40. Die Nachrichtensprecher des Österreichischen Fernsehens onanieren bei ihrem Auftritt. Die Nachrichten bleiben gleich.
41. Salzburg wird angezündet. Jedermann verläßt die Stadt.
42. Für Mitglieder von Tierschutzvereinen wird die Todesstrafe wieder eingeführt. Sie erhalten eine Safari nach Südafrika mit garantiert tödlichem Ausgang.
43. An allen Schulen werden Hitler und Turnen als Pflichtfach eingeführt.
44. Kastrierte und präparierte Nobelpreisträger werden in den Schulen als Lehrmittel verwendet.
45. Die Haut der ländlichen Lehrerschaft wird zu Lampenschirmen verarbeitet.
46. Die österreichischen Heeresflugzeuge werden zum Abschuß freigegeben.
47. Die österreichischen Panzer stoßen nach der Parole »Dem Tüchtigen gehört die Welt« bis nach Zwettl vor. Sie werden vom dortigen Kameradschaftsbund mit allen Ehren empfangen.
48. Dem österreichischen Offizierskorps werden weibliche Hormone gespritzt. Die Offiziere gehen als Blitzmädel an die ungarische Grenze.
49. Der österreichische Heeresminister Lütgendorf verweigert den Gnadenschuß und geht heroisch zugrunde.
50. Um den Humanismus unters Volk zu bringen, werden Familienpackungen im Sonderangebot eingeführt.
51. Simmering erschlägt Kapfenberg in einem fairen und spannenden Fußballmatch.
52. Jochen Rindt wird exhumiert und veranstaltet unter dem Ehrenschutz des österreichischen Industriellenverbandes sein eigenes Memorial-Rennen.

53. Die Beherrschung der deutschen Sprache wird mit Rauschgiften behandelt.
54. Die Heimaterde kommt in den Lebensmittelhandel und wird als Gustostückerl verkauft.
55. Die Österreichische Volkspartei bleibt so lange die Österreichische Volkspartei, bis das Volk bei ihr zu bleiben hat. Erst dann nennt sich die FPÖ »Faschistische Partei Österreichs«.
56. Der soziale Fortschritt erhält die Rangordnung einer Prostataentzündung. Der Sozialismus wird als Wurmfortsatz der Tränendrüse demaskiert.
57. Betrug und Schiebung gelten als Steuerabzugsposten, sofern sie belegt werden können.
58. Der österreichische Sozialismus und der österreichische Faschismus schließen sich zur politischen Interessengemeinschaft zusammen. Kreisky begründet diesen Schritt mit der Feststellung, daß alles Irdische doch nur ein Gleichnis sei.
59. Um die Verwaltung des österreichischen Staatsbürgers zu rationalisieren, werden Körpernormen eingeführt. Normfremde Körper werden eingestampft.
60. Peter Alexander besucht das österreichische Parlament und erhält ein Denkmal schräg gegenüber.
61. Alle Ausländer, die in Österreich leben, werden für vogelfrei erklärt, Südländer werden als Singvögel exportiert.
62. Juden werden nicht vergast, aber höflich aufgefordert.
63. Der Marxismus wird als üppige Barttracht aus dem vorigen Jahrhundert definiert.
64. Kommunisten werden ausgestopft.
65. Auch der Krebs hat seine schönen Seiten.
66. Alles, was schön ist, soll bleiben. Zur Durchsetzung dieser Forderung werden das Bundesheer und die gesamte Polizei mobilisiert.
67. Schießübungen sind gestattet. Patronenhülsen und Tote müssen von den Übenden selbst weggeräumt werden.

68. In Amstetten wird der letzte Dichter standrechtlich erschossen.
69. Alles wird dem Erdboden gleichgemacht und mit Endiviensalat und Löwenzahn bepflanzt.
70. In Chile wird das 1000. Wienerwaldlokal eröffnet.
71. Schwechater überlebt die Menschheit.
72. Graz ist unsterblich.
73. Die Erfolgsgeneration trinkt Blut.
74. Österreich wird frei.
75. Das Wort »Scheiße« darf nur an Sonn- und Feiertagen und zu besonderen Anlässen in den Mund genommen werden. (1973)

Bildung, Ausbildung

Verehrter Herr Bundespräsident!
Verehrte Politiker! Verehrte Damen und Herren!
In dieser Gesellschaft weiß der Kopf nicht mehr, was der Körper tut. Kunst und Wissenschaft vollziehen sich unter Ausschluß der wahren Bedürfnisse des Menschen. Sie sind zu Institutionen der Entfremdung geworden. Sie helfen ihm nicht mehr, seine Situation zu erkennen, das Gegenteil ist der Fall: sie bringen ihm bei, sich für einen anderen zu halten. Im Ursprungslande Freuds ist die Schizophrenie zur Staatskrankheit geworden.
Die Kunst macht den Menschen glauben, sie selbst sei wichtiger als seine Probleme. Er hat sich aufzuschwingen, auch wenn ihn die Füße nach einem Achtstundentag schmerzen. Wer auf der Strecke bleibt, gilt als Banause. Wer es bis zum Theater schafft, darf heucheln. Die Heuchler werden sub-

ventioniert. Die Banausen, immerhin der größte Teil der arbeitenden Menschen, werden mit der sogenannten Trivialkunst bedient. Diejenigen, die sie bedienen, verdienen daran. Sie bezeichnen ihre Konsumenten als Menschen, die es nicht anders wollen. Wer lange genug von denen, die es in Wirklichkeit nicht anders wollen, verblödet wird, glaubt am Ende tatsächlich, daß er es nicht anders will. Er ist ein anderer geworden. Er verwechselt Freiheit mit Freizeit, Liebe mit Ehe, Kunst mit etwas Höherem, Ausbeutung mit Arbeitsmoral, Gerechtigkeit mit Justiz, Schule mit Schulpflicht. Sein Leben ist ein einziger Widerspruch, aber die Welt ist für ihn in Ordnung.

Etwas realitätsbezogener verhält es sich mit den anderen Institutionen der Bildung, den Schulen und Universitäten. Sie passen den Menschen an eine Realität an, die er zwar nicht geschaffen hat, in der er aber dann fleißig schaffen darf: als Lohn winken Aufstiegsmöglichkeiten und Automobile in allen diktierten Preisklassen.

Das Endprodukt der allgemeinen Bildung und Ausbildung ist der auf weite Strecken fachverblödete Mensch. Wir leben in einer seligmachenden Gesellschaft, die einige selig und viele brauchbar macht. Von den vielen spüren etliche, daß sie unglücklicher sind, als sie es nach der allgemein verordneten Glücksnorm sein dürften. Noch halten sie ihre Ängste, ihre Einsamkeit, ihre Wünsche, ihre wirklichen Bedürfnisse für private Erscheinungen, über die man nicht redet. Doch wie es drinnen aussieht, geht niemand was an.

Doch. Doch. Es geht uns an. Wir müssen lernen, die lebendige Erfahrung gegen eine Bildung zu behaupten, die unsere Anpassung will, gegen eine Kunst, die uns belügt, weil sie nicht von uns redet, gegen eine Wissenschaft, die uns mit inzestuöser Rhetorik für dumm verkaufen will, gegen eine Politik, die nicht unsere Stimme, sondern unsere Stimmzettel will.

Das Thema dieser Epoche ist die Identität des Menschen

und das Erkennen derjenigen, die ein Interesse daran haben, sie zu verhindern. Das allein kann die Aufgabe von Kunst und Wissenschaft sein, sie haben dem Menschen zu dienen und nicht er ihnen. Sie haben ihm zu zeigen, in welcher Misere er steckt, welche Möglichkeiten er hat, was er sein könnte, wozu man ihn gemacht hat. Die Tradition der Aufklärung, meine Damen und Herren, ist schon zu lange verschüttet.

Es ist falsch, ein Theater zu subventionieren, das seine Schauspieler zu abhängigen Gefühlslieferanten degradiert, seine Kritiker zu Mafiosi und sein Publikum zu einem auserlesenen Verein, der sich Kunstsinn mittels Abonnementbeitrag bestätigen läßt. Es ist falsch, daß die Forschungsarbeiten der Wissenschaftler von der Industrie finanziert werden; und es ist falsch, ein Institut für Erwachsenenbildung zu finanzieren, welches mit launigen Lichtbildervorträgen, fleißigen Maschinenschreibübungen und autoritärer Bildungsvermittlung von den tatsächlichen Problemen der Menschen ablenkt.

Ich persönlich kann mir Erwachsenenbildung nur als einen Ort der Begegnung vorstellen, wo Menschen hinkommen, um ohne Scheu über ihre Probleme zu reden. Diejenigen, die solche Treffen veranstalten, sollten ihnen dabei helfen und sich selbst helfen lassen. Wenn Probleme als allgemeine erfaßt werden, so können auch alle daran gehen, sie zu beheben.

Jeder Appell an unseren weinseligen Nationalcharakter und daran, daß wir doch alle Menschen seien, macht die Widersprüche nicht geringer. In der Tat sind wir Menschen verschiedener Klassen, verschiedener Chancen. Einige sind oben, und die anderen sind draußen. Auch wenn sie glauben, sie wären drinnen. Jeder ist seines Glückes Schmied, heißt es, aber in Wirklichkeit ist es umgekehrt: Jeder wird solange geschmiedet, bis er sich für glücklich hält.

Die Suche nach der Identität hat begonnen. Die Zerrbilder

verschleißen sich. Aus den Gütern der Zivilisation ist ein Abfallhaufen geworden. Die Theater leeren sich. Die Schüler verweigern den Gehorsam, und nur die Angst kann sie noch an der Kandare halten. Die Studenten rebellieren. Es liegt an den Institutionen, den Menschen bei ihrer Befreiung zu helfen oder sie ihnen zu verweigern.
Ich weiß, daß man in diesem Lande solche Gedanken gerne mit Etikettierungen abtut. Was mich betrifft, so teile ich mein politisches Verständnis mit jenen, die unter Demokratie die Entfaltung des Individuums und seiner Möglichkeiten sehen. Ich danke Ihnen fürs Zuhören. (1973)

Kulturkritik

Über mich und meine Stücke wurden insgesamt 1074 Kritiken geschrieben. Legt man diese Kritiken aufeinander, so ergibt das eine Höhe von 821 Millimetern. Stellt man diesen Stoß auf eine Waage, so wiegt er 612 Gramm. Zündet man ihn an, so brennt er 1411 Sekunden. Verpackt man die Kritiken und schickt das Paket expreß an einen beliebigen Ort in der Äußeren Mongolei, so beträgt das Porto 412 Schilling oder 38 DM. Verwendet man einige dieser Kritiken als Klopapier, so verstopft sich der Abfluß nach drei Tagen und acht Stunden. Die Reparatur durch den Installateur kostet in diesem Falle 250 Schilling oder 34 DM und 25 Pfennig. Natürlich kann man die Kritiken auch lesen.
Dabei ergibt sich folgendes Bild: Mein Stück »Rozznjogd« besteht aus 2318 Wörtern. Über dieses Stück haben die Kritiker 5841 Wörter geschrieben, also fast die dreifache Menge. Ein anderes Stück von mir, »Sauschlachten«,

schneidet im Verhältnis 1:1 ab. »Rozznjogd« ist also dreimal so stark auf dem Markt vertreten wie »Sauschlachten«. Da nicht die öffentliche, sondern die veröffentlichte Meinung gilt, ist »Rozznjogd« dreimal so gut wie »Sauschlachten«. »Sauschlachten« ist aber sicherlich achtmal so schlecht wie »Change« von Wolfgang Bauer. Vergleicht man wiederum Bauer mit Handke, so dürfte Handke vierzehneinhalbmal so gut sein. Gegen Goethe ist jedoch auch Handke ein Armutskerl. Die Sekundärliteratur über Goethe dürfte die Höhe von fünf mittleren Domen übersteigen, was als Maßeinheit für »genial« oder einfach »marktführend« gelten kann.

Vergleicht man jedoch Goethe mit Coca-Cola, Handke mit Margarine und beispielsweise Walser mit Groschenheften, so sieht das Bild schon wieder ganz anders aus. In Österreich essen 4 312 000 Menschen Margarine, und nur etwa ein Tausendstel von ihnen kennt Handke. Im deutschen Sprachraum werden jährlich 215 Millionen Groschenhefte gelesen, wie viele dieser Leser kennen ein Stück von Walser? Warum die Coca-Cola-Trinker so viel Margarine fressen und so wenig Handke lesen, kann man nur ergründen, wenn man sich fragt, für wen die Margarine und für wen Handke gemacht wird. Margarine wird für die Margarinefresser gemacht. Sie soll wohlschmeckend sein, streichfähig und gut verdaulich. Ebenso die Groschenhefte, die Weißwurst, die Unterhaltungssendungen, die bunten Illustrierten und so weiter. Weil die Mehrheit der Menschen diese Waren konsumiert, spricht man von Massenkonsum und Massenkultur.

Dann gibt es ein paar Menschen, die möchten mit dieser Masse nichts zu tun haben. Sie fressen weniger Margarine, lesen kaum Groschenhefte, und über bunte Illustrierte machen sie sich lustig. Diese, wie man sieht, schon etwas feineren Menschen lesen Handke oder konsumieren, ganz allgemein gesagt, Theaterstücke. In Österreich sind das ungefähr 5 Prozent der Menschen, in der Bundesrepublik wird es wohl so ähnlich sein. Welche Theaterstücke diese 5 Prozent konsumieren sollen, bestimmen nicht sie, sondern ihr Vorbeter, der Kritiker. Er ist der Zerberus des Marktes, er bestimmt, was gut und was schlecht ist, was auf den Markt kommt und was nicht. Und sollte sich ein Stück, dank einem couragierten Intendanten, auf den Markt gezwängt haben, dann kommt der Kritiker und bestimmt, ob dieses Stück Dichte hat, Spannung hat, Relevanz hat. Er unternimmt, was man in der Industrie den Warentest nennt, und wehe dem Stück, das bei dieser Prüfung mit »Mangelhaft« oder »Ungenügend« abschneidet. Es wird zum Ladenhüter, zur Ausschußware, welche sich – wenn überhaupt – nur noch mit Sonderrabatt an eine Laienbühne verschachern läßt. Der eigentliche Konsument des Stückeschreibers ist der Kritiker, oder etwa nicht?

Wo sonst als in den Kritiken steht geschrieben, daß Handkes Innenleben bemerkenswerter ist als das meines Freundes Hansi Sattler, nebstbei ein sehr tüchtiger Maurer. Wer hat gesagt, daß die Schaubühne am Halleschen Ufer das bedeutendste Theater im deutschsprachigen Raum sei? Die Berliner Arbeiter, die es bezahlen, oder ein Kritiker, der dafür 500 Mark kassiert? Wer sagt eigentlich, daß Beethoven gültiger sei als Mike Jagger? Warum ist die Frage, ob ein gewisser Klingenberg nach Zürich übersiedeln wird, so wichtig, daß man darüber zwölf Zeitungsseiten vollschreibt, während ein Wiener Arbeiter mit fünf Kindern überhaupt nicht weiß, wohin er siedeln soll, worüber natürlich keine Zeile zu lesen ist. Wer sagt eigentlich, daß Bremen unter Hübner besser war, während sich Hamburg erst unter Gobert entwickelt hat? Wer sagt das alles? Die Kritiker sagen es, und das ist auch richtig so. Denn würde man beispielsweise die Margarinefresser überall diese Fragen entscheiden lassen, so wäre das Ergebnis katastrophal. Es fehlt ihnen nämlich an jeglicher Urteilsfähigkeit, sie haben keine Kultur, keinen Geschmack. Der Kritiker aber hat, was sie nicht haben. Warum die Margarinefresser keinen Geschmack ha-

ben, läßt sich am besten durch ihre Lebenssituation erklären. Die meisten Margarinefresser stehen zwischen sechs und sieben Uhr früh auf. Beim Frühstück raunzen die Kinder, und die Ehegattin schaut drein wie ein Pompfüneberer. Dabei läßt sich natürlich kein Geschmack entwickeln. Dann fährt er zum Arbeitsplatz und verrichtet dort acht Stunden lang mehr oder weniger stumpfsinnige Tätigkeiten. Wieder keine Gelegenheiten, zu Geschmack zu kommen. Dann fährt er nach Hause und ißt Knackwurst mit gerösteten Kartoffeln, während ihm seine Gattin erzählt, daß die Margarine schon wieder um 50 Groschen teurer geworden ist. Wie soll man dabei Kultur entwickeln? Anschließend Fernsehen. Das Programm endet in Österreich mit der Bundeshymne. Auch nicht gerade ein Beitrag zur Geschmacksentwicklung. Anschließend Bettruhe, an Samstagen mit vorherigem Beischlaf. Fazit: der Margarinefresser ist ein Banause und wird es wohl auch bleiben.
Nicht so der Kritiker. Er hat in den meisten Fällen ein germanistisches Studium hinter sich, wo man zwar alles über die Kunst, aber nichts über die Margarinefresser lernt. Mit solchem Rüstzeug betritt der Kritiker die Kulturredaktion. Da er nichts von den Margarinefressern weiß, kann er sich auch nicht um sie kümmern. Als unabhängiger Mensch hat er immer genug Zeit, um mit seinem Rüstzeug zu spielen. Er verändert und verfeinert seinen Geschmack immer weiter. Wer sich die Mühe nimmt und die letzten zehn Jahrgänge der Zeitschrift »Theater heute« – das Börsenblatt für Geschmackswendung und Verfeinerung – durchliest, wird dabei auf Kritiker stoßen, die es im angegebenen Zeitraum auf mehr als zehn Geschmackswendungen gebracht haben. Sie reichen vom Absurden Theater über das Realistische Theater bis zum Politischen Theater und wieder zurück. Jede Geschmackswendung teilt sich noch in eine Anzahl von Geschmacksverfeinerungen auf. Auf eine Wendung kommen in der Regel fünf Verfeinerungen. Damit ist

der Kritiker nur noch einem hauptberuflich tätigen Onanisten vergleichbar, der es im Laufe von zehn fleißigen Jahren auf mehr als fünfzig Arten des Wichsens gebracht hat.
Unter den vielen Geschmacksrichtungen des Kritikers gibt es natürlich auch politische. Diese Geschmacksrichtung trägt der Kritiker in einer Art und Weise vor, daß der Margarinefresser damit bestimmt nichts anfangen kann. Wer sich einen Dreck um die Ausgangsposition derer kümmert, mit denen er eigentlich reden will, handelt nicht politisch, sondern idealistisch. Eine Haltung, die man übrigens bei einem Teil der Neuen Linken auch vorfinden kann. Die Politik ist zu einer Frage des Geschmacks geworden, und der Streit geht dann nur noch darum, wer politischer ist, d. h. wer den besseren Geschmack hat.
Ich habe den Kritiker mit einem Wichser verglichen. Nun muß man aber gerechterweise hinzufügen, daß Wichsen nicht immer angenehm ist, besonders dann, wenn sich die Kritiker untereinander wahre Wichskämpfe liefern. Kaum hat der Baumgart eine großartige Kritik in die »Süddeutsche« gewichst, schon wichst der Iden mit einem noch großartigeren Essay zurück, aber auch er bleibt nur kurze Zeit führend, denn jetzt setzt der Luft zu einem fulminanten Wichser an... Wer die Ausscheidungskämpfe siegreich besteht und seinen Kollegen immer um zwei Tropfen voraus ist, der darf sich Großkritiker oder Großwichser oder Juror des Berliner Theatertreffens nennen.
Der Kritiker hat nicht nur Geschmack, er muß ihn sogar haben. Der wahre Wert der Kritik besteht in ihrem Warenwert, und wehe dem Kritiker, der seine Ware nicht auf den Hochglanz der Marktlage bringt! Man stelle sich einen Kritiker vor, der so geschmacklose Fragen stellt wie: »Wem nützt dieser Kulturbetrieb eigentlich? Was haben die davon, die ihn bezahlen? Wen interessiert das, ob Ophelia ins Wasser geht? Warum stehen vor und nach meiner Kritik die Anzeigen der Industrie?«

Die Antworten würden zwar kurz und bündig ausfallen, selbst einem Margarinefresser verständlich, aber vom Standpunkt des Marktes sind sie einfach nichts wert. Der Verleger würde diesen Kritiker vor die Türe setzen. Nicht etwa, weil man solche Fragen nicht stellen darf – wir leben in einer Demokratie, und jeder kann fragen, was er will –, sondern weil sie schon dagewesen sind, weil sie alt sind. Welcher Verleger hat schon gerne alte Waren in seinem Laden? Er würde dem Kritiker andeuten, daß es unter dem Aspekt solcher Fragen keine Kunstentwicklung gäbe, womit er natürlich seine Geschäftsentwicklung meint. Nicht daß die Ware Kritik als solche dem Verleger eine Menge Geld bringt, keineswegs. Die paar Hanseln, die die Kulturseiten lesen, fallen überhaupt nicht ins Gewicht. Wichtig ist, daß das Feuilleton Niveau hat, was den Wert der Zeitung hebt und der Industrie die Möglichkeit gibt, für bestimmte Zielgruppen zu inserieren.

Ich habe drei Jahre in der Werbung gearbeitet und erinnere mich genau, daß wir den Firmen bestimmte Zeitungen zum Inserieren angeboten haben, mit dem Hinweis, sie hätten einen besonders niveauvollen Kulturteil. In der Praxis sah das dann so aus: Auf der Kulturseite verteidigte ein Kritiker in zauberhaften Formulierungen die Würde des Menschen, während zwei Seiten vorher Unilever einen Verkaufsmanager suchte, erfolgsgewohnt, dynamisch und nicht über dreißig, was einer modernen Euthanasie gleichkommt.

Auf der Kulturseite kann der Kritiker schreiben, was er will, solange er sich einen Dreck darum kümmert, was rundherum steht. Im »Kurier«, einer der beiden großen Tageszeitungen in Österreich, war durch Wochen hindurch eine Photoserie über James Bond abgedruckt. Diese Serie war der nackte Faschismus, dort wimmelte es nur so von ermordeten Negern, die mit ihren Leichen (Zitat) »einen Beitrag zur Umweltverschmutzung leisteten«. Ich habe mit dem Kulturkritiker dieses Blattes, Paul Blaha, über die Serie gesprochen. Seine Antwort: Dafür sei die Werbeabteilung zuständig, nicht er. Die Werbeabteilung wiederum ist für die Industrie zuständig. Die Industrie ist für die Verhältnisse zuständig. Aber Herr Blaha ist für die Verhältnisse nicht zuständig.

Das ist genau der Punkt. Der Kritiker ist für die Kunst zuständig, nicht für die Verhältnisse. Er ist Kunstkritiker, nicht Gesellschaftskritiker. In der Kunst kann er kritisieren, wie und was er will, aber wehe, er kritisiert die Verhältnisse, und seien es die nächstliegenden: die seines Arbeitsplatzes, die seiner Geldgeber und so weiter. Alles kann er werden, nur nicht konkret. Seine Abhängigkeit vom Verleger ist total, wie übigens dessen Abhängigkeit von der Industrie, aber sonst ist der Kritiker frei, frei wie ein Narr in seiner Gummizelle.

Die Narrenfreiheit des Kritikers gleicht übrigens in vielen Punkten der des Stückeschreibers. Sofern der Kritiker darüber verzweifelt ist, fühle ich mich mit ihm durchaus solidarisch. Er kann nicht aufhören, ein Narr zu sein, weil es das einzige ist, wofür er bezahlt wird. Ich kann verstehen, daß er Angst um seinen Job hat, weil ich diese Angst auch habe. Mein Verständnis wird jedoch eingeschränkt, wenn ich mir überlege, daß der Kritiker sein Geschäft, sofern es sich nicht gegen seine Auftraggeber richtet, ohne jedes Risiko betreibt. Das Risiko des Stückeschreibers hingegen ist ein totales. Er hat kein fixes Gehalt, er ist nirgends fest angestellt. Mit jedem Stück geht er neu auf den Markt und ist dem Kritiker auf Gedeih und Verderb ausgeliefert. Wenn der Kritiker schlecht oder überhaupt nicht über ihn schreibt, so kann er ihn vom Markt verdrängen, auslöschen, ruinieren. Das Risiko des Regisseurs ist schon etwas geringer, er kann sich durch ein Engagement zumindest für die Dauer von ein oder zwei Jahren absichern. Ebenso der Schauspieler. Das Risiko des Intendanten ist noch geringer, er hat in der Regel einen Vierjahresvertrag mit seinem Geldgeber. Der Kritiker hingegen hat überhaupt kein Risiko. Er hat immer das letzte Wort, und sei es das dümmste. Er ist der Zerberus des Marktes. Er bestimmt, was rein darf, was oben bleibt und was nicht. Stückeschreiber werden unmodern. Schauspieler finden kein Engagement mehr. Intendanten werden abgesägt. Der Kritiker, Papst und Hure des Marktes, bleibt oben. Ihm kann nichts passieren. Er hängt seinen Arsch immer in den Wind, den er selbst erzeugt hat.

Schreibt ein Kritiker selbst Stücke oder Romane, so trifft auch ihn das volle Risiko des Autors. Baumgart und Sebestyèn beispielsweise sind als Autoren ziemliche Ladenhüter, während sie als Kritiker wahre Bestseller sind. Ob sie jetzt schlechte Autoren, aber gute Kritiker sind, ist vollkommen unerheblich. Entscheidend ist, daß die Arbeit des Autors anderen Marktgesetzen unterliegt als die des Kritikers. Der Autor ist machtlos. Der Kritiker ist mächtig.

Die Macht wird meistens von denen bagatellisiert, die sie haben. So sprechen viele Kritiker davon, daß man ihre Macht weit überschätze. Sie zitieren einige Stücke, die trotz schlechter Kritiken gut laufen. Natürlich hat das einen konkreten Grund. Die meisten Theater verkaufen ihre Stücke schon im vorhinein an die Abonnenten. Das Stück wird so lange gespielt, bis alle Abonnenten durchgeschleust sind. Ein Theater, das dieses Stück nachspielt, wird sich schon schwerer finden.

Wie groß die Macht des Kritikers ist, sieht man am deutlichsten bei Uraufführungen. Mein Stück »Der tollste Tag« wurde in »Theater heute« abgedruckt und gut kritisiert. In der Woche darauf wurde es von sechs Theatern und einem Tourneeunternehmen angenommen. Mein Stück »Die Wirtin« wurde schlecht kritisiert. In der Woche darauf haben drei Theater, die es ursprünglich spielen wollten, wieder abgesagt. Und – was besonders lustig ist – etliche Städte wollten nun plötzlich die Tourneeproduktion des »Tollsten Tages« nicht mehr haben. Mein Verdienstentgang beläuft

sich auf ungefähr 5000 Mark. In jeder anderen Sparte würde man das als krasse Berufsschädigung bezeichnen.
Diese Berufsschädigung üben die Kritiker in der Regel mit sehr viel Geschmack aus. Nur ausnahmsweise greifen sie zu brutaleren Mitteln. Horst Ziermann, der Kritiker der »Welt«, schreibt ganz einfach eine Lüge hin: Turrini ist Mitglied der Kommunistischen Partei Österreichs. Für weltoffene Leser hat das den Abschreckungsgrad eines japanischen Monsters. Auf solche Methoden weiß ich nur mehr eine Antwort: Horst Ziermann ist genauso braun wie das Arschloch des Herrn Springer, in dem er sitzt.
Vielleicht haben die Kritiker recht, wenn sie das eine Stück gut, das andere schlecht kritisieren? Vielleicht ist mein Stück »Die Wirtin« wirklich schlechter als »Der tollste Tag«? Schlechter für wen? Für die Margarinefresser, für die ich schreiben möchte, oder für einen Kritiker, der gerade seine achte Geschmacksverfeinerung hinter sich hat? Bauers Stück »Change« wurde von den Kritikern in den Himmel gehoben und von mehr als vierzig Theatern nachgespielt. Sein Stück »Massaker im Hotel Sacher« wurde verrissen und von keinem einzigen Theater nachgespielt. Ist Bauer plötzlich ein so schlechter Dichter geworden? Viel schlimmer. Bauer hat nicht gemerkt, daß die Kritiker schon wieder um einen Schritt voraus sind, daß seine Art von Realismus durch ihre letzte Geschmacksverfeinerung überholt ist, er hat den schlimmsten aller Fehler gemacht: er hat die Marktlage nicht richtig eingeschätzt.
Das Urteil des Kritikers entscheidet nicht nur über den Marktwert des Autors, es beeinflußt auch die Beziehungen des Autors zu den Schauspielern, den Dramaturgen, den Intendanten. Auf diesem Gebiet habe ich in den letzten vier Jahren die traurigsten Dinge erlebt. Sind die Kritiken gut, dann ist alles in Ordnung. Für die Schauspieler war es die schönste Probenarbeit, die Dramaturgen lassen bei jeder Gelegenheit einfließen, daß sie dich eigentlich entdeckt hät-

ten, die Intendanten klopfen dir auf die Schulter und stellen dir zum drittenmal ihre Gattin vor. Aber wehe, du hast schlechte Kritiken! Dann haben die Schauspieler schon bei der Probenarbeit gemerkt, daß aus diesem Stück einfach nichts werden konnte, die Dramaturgen lassen dich fallen wie eine heiße Kartoffel, und der Herr Intendant mußte dringend verreisen. Aber auch sie selber fallen übereinander her, jeder gegen jeden, und ich verstehe auch, warum: Jeder hat Angst, seinen Marktwert zu verlieren.
Ich möchte jetzt gerne einen Vorschlag zur besonders sinnvollen Gestaltung dieses Symposions machen. Jeder der anwesenden Kritiker nimmt einen Zettel und schreibt einmal auf, wie viele Existenzen er im Laufe seiner Kritikertätigkeit schon ruiniert hat, wie viele ältere Autoren, die mit der schnellen Marktentwicklung nicht mehr so mitkommen, er vergessen oder totgeschwiegen hat, wie viele Schauspieler er mit einer kurzen, aber flotten Bemerkung der Lächerlichkeit preisgegeben hat und so weiter. Dann stellen sich die anwesenden Kritiker in der Mitte dieses Raumes auf und lassen ihre Hosen herunter. Die anwesenden Autoren nehmen hinter den Kritikern Aufstellung. Dann liest jeder Kritiker die Zahl vor, die auf seinem Zettel steht, und erhält dafür von dem hinter ihm stehenden Autor die gleiche Anzahl von Tritten. Um dieses Spiel auch für die Kritiker halbwegs angenehm zu machen, liest der Leiter dieses Symposions, Herr Ernst Willner, laut und deutlich die Monatsbezüge der Kritiker vor.
Auch die Kritiker veranstalten Spiele. Jeden Herbst, mit Beginn der Theatersaison, startet das Große Autorenrennen. Die Autoren spielen die Läufer, die Kritiker die Zeitnehmer. Das Ganze läuft ab wie ein Hunderennen, nur gibt es ein paar fixe Regeln. Eine Jubelkritik bedeutet drei Längen voraus, eine mittlere Kritik gilt als Normalstart, wer verrissen wird, muß zwei Runden aussetzen. Wer totgeschwiegen wird, scheidet aus dem Rennen aus. Ist der Aus-

geschiedene ein junger Mensch, so darf er Dramaturg oder Kulturfunktionär, in manchen Fällen sogar Kritiker werden. Ist er ein älterer Mensch, so darf er Sozialrentner bleiben. Die Rennberichte werden laufend auf den Kulturseiten veröffentlicht. Die Läufer, blind vor Anstrengung, beißen einander gegenseitig. Damit das Rennen nicht abflaut, werden Kleine und Große Staatspreise auf die Rennbahn geworfen. Der Jahressieger darf sich Autor des Jahres nennen, sein Stück wird zum Stück des Jahres. Wer dreimal hintereinander Jahressieger wird, ist ein Genie. Er braucht an den weiteren Rennen nicht mehr teilzunehmen und darf auf der Zuschauertribüne Platz nehmen.

Ein guter Läufer geht nicht unvorbereitet ins Rennen. Er denkt immer daran, was dem Kritiker gefallen könnte, er versucht den Geist des Herrn zu erraten. Ein Autor, der sich bessere Rennbedingungen verschaffen will, sollte folgende Richtlinien beherzigen.

Erstens. Man soll kritisch sein, sehr kritisch sogar, aber niemals konkret. Ein Autor, der schlicht und einfach hinschreibt, in Chile werden täglich fünfzig Menschen ermordet, hat schon verloren. Seine Aussage ist viel zu banal. Sie gibt dem Kritiker keine Möglichkeit der Interpretation. Er kann keine Dichte, keine Spannung, keine Relevanz bestimmen. Er kann keine Waren erzeugen, also nimmt er den Läufer aus dem Rennen. Wie man es richtig macht, zeigt uns der Spitzenläufer Thomas Bernhard. Er schreibt: Die Natur ist einerseits das Natürlichste, andererseits das Unnatürlichste. Oder: Wir leben in einer Zeit, in der die Forderungen der Gemeinen erfüllt werden. Oder: Die Welt, die Welt ist so entstellt. Jeder dieser Sätze beschäftigt mindestens zwanzig Kritiker, vier germanistische Institute, achtzehn Seminare, sieben Tagungen und 315 neurotische Backfische. Der Mann ist ein genialer Dichter, er hat einen genialen Marktinstinkt.

Zweitens: Man muß den Kritiker überraschen. Ein Kritiker

sieht im Jahr bis zu 250 Vorstellungen. Mit der Zeit wird ihm alles langweilig, alles ist für ihn schon dagewesen. Seine Ganglien gleichen einem müden Bandwurm, der sich jedes Jahr fünfzehnmal durch den Schauspielführer fressen muß. Reiße den Kritiker aus seiner Müdigkeit, reize ihn, mach etwas wirklich Neues. Dabei empfiehlt sich die Zusammenarbeit mit einem besonders phantasievollen Regisseur. Ein Beispiel: Auf der Bühne stehen 15 000 Paar Schuhe, und die Schauspieler reden so leise, daß man fast nichts versteht. Ein Autor, der glaubt, er müsse jetzt ein Stück schreiben, in dem 20 000 Paar Schuhe vorkommen und die Schauspieler einander ins Ohr flüstern, irrt. Der beste Einfall besteht immer darin, das Gegenteil zu machen. Etwa so: Auf der Bühne ist kein einziges Paar Schuhe und kein einziger Schauspieler. Auf der Bühne ist nichts und geschieht nichts. Das Stück dauert, voll ausgespielt, viereinhalb Stunden.
Drittens: Nicht nur das Stück, auch das Leben des Autors soll für den Kritiker verwertbar sein. Gib dem Kritiker möglichst viel Gelegenheit, über dich und deine Person zu schreiben. Die Spitzenleistung auf diesem Gebiet hat William Shakespeare vollbracht. Allein die Frage, ob er überhaupt gelebt hat, beschäftigt ganze Generationen von Kritikern. Heutzutage kann man leicht feststellen, ob ein Künstler lebt oder nicht, folglich muß er sich etwas anderes einfallen lassen. Man kann einen Filzhut aufhaben und bei jeder Gelegenheit Schweineschmalz in die Ecke schmieren. Dieser Einfall garantiert zwei »Spiegel«-Interviews oder zwei Längen Vorsprung. Man kann sich in einem Bauernhof einsperren und mit einem Fahrrad durch das Zimmer fahren. Man kann bei einem Interview fünf Nelken auffressen. Man kann seine Schultern mit weißen Mäusen verzieren. Alles kann man, aber es muß neu sein. Die angeführten Beispiele sind schon dagewesen. Statt der weißen Mäuse empfehle ich einen weißen indischen Elefanten.
An der Person des Autors ist alles verwertbar, selbst sein

Wohnort. Wer in der letzten Rennsaison in Graz wohnte oder von dort stammt, kam aus einer anerkannten Genieecke und hatte vier Längen Vorsprung.

Der Stückeschreiber strengt sich an, damit er dem Kritiker gefällt. Der Kritiker strengt sich an, damit er dem Verleger gefällt. Der Verleger strengt sich an, damit er der Industrie gefällt. Der Industrie gefällt das. Jeder hat seine Rolle in diesem Spiel, und es wäre nichts dagegen einzuwenden, wenn die Gewinnchancen nicht so verdammt ungerecht aufgeteilt wären.

Es gibt Stückeschreiber, die haben schon gemerkt, daß die Mächtigen mit gezinkten Karten spielen. Sie haben es satt, einer schlechten Gesellschaft das markgerecht formulierte Gewissen zu liefern. Sie wollen raus aus diesem Kulturgetto, das sie zu progressiven Marktidioten erniedrigt hat, und sei es mit der hohen Ehre eines Literaturpreises. Sie haben begriffen, daß es sinnlos ist, eine Literatur zu entwickeln, mit der die meisten Menschen nichts anfangen können. Sie wollen nicht mehr denen nützen, die alles verwalten, sondern denen, die alles bezahlen. Mit diesen Kollegen möchte ich reden.

Ein paar angerissene Fragen: Wie können wir uns denen vermitteln, für die wir uns verantwortlich fühlen? Wie muß eine Kunst aussehen, die ihre Interessen vertritt? Was können wir von ihnen lernen? Was können sie von uns lernen? Was können wir außerhalb des Marktes versuchen? Was können wir innerhalb des Marktes erreichen?

Wenn es für den einen oder anderen Kritiker ähnliche Fragen gibt, dann sollten wir miteinander reden. Ansonsten habe ich mit Kritikern nichts zu besprechen. (1974)

Dilemma

Wer heute Kunst macht, macht sie für wenige. Nur vier Prozent der Bevölkerung gehen ins Theater. Jeder vierte Österreicher liest jährlich ein Buch. Konzerte werden nur von manischen Fanatikern besucht. Lyrikbände erreichen kaum die Auflage etwa eines Fachbuches für Gartenschläuche und so weiter. Wer heute Kitsch macht, verlogene Unterhaltung, bewußte oder unbewußte Irreführung der Bevölkerung betreibt, macht es für viele.

Was wirklich konsumiert wird, sind die Serien eines Fritz Eckhardt, die Aufführungen einer Löwinger-Bühne, die Groschenhefte, von denen im deutschsprachigen Raum jährlich 214 Millionen Stück verkauft werden.

Vereinfacht und zusammengefaßt heißt das: Wir haben eine Massenkultur, aber keine Kultur für die Massen. An diesem Dilemma kann man als Schriftsteller mit verbundenen Augen und reiner Seele vorbeigehen. Dieses Verhalten garantiert zwei Dinge: daß man Künstler genannt wird und total unwirksam bleibt. Wer der breiten Bevölkerung wirklich etwas sagen will, muß von seinem Dichterpodest heruntersteigen. Nicht der Künstler ist wichtig, sondern die Menschen, von denen er redet. Nicht die Kunst ist wichtig, sondern die Form, in der man mit möglichst vielen Menschen reden kann.

Die »Alpensaga«, die Pevny und ich gemeinsam für das Fernsehen schreiben, ist ein Versuch in dieser Richtung.

(1974)

Terrorismus

Wer in Österreich über das Problem des Terrorismus anders denkt, als ein Großteil der Zeitungen und die reaktionären Politiker es vorschreiben, wird öffentlich diffamiert. In der Bundesrepublik Deutschland wird derzeit der Weg vom Diffamieren zum Inhaftieren vorbereitet. Ich fürchte, daß Österreich diesen Weg ebenfalls gehen wird, weil es auch bei uns eine Voraussetzung dafür gibt, über die fast niemand reden will. Ich meine die Stimmung in der Bevölkerung, die Bereitschaft viel zu vieler Menschen, diesen Wahnsinn mitzumachen, ihn sogar zu fordern.

Die infernalische Berichterstattung über den »Terrorismus« wäre einfach nicht möglich, wenn nicht Millionen Menschen diese Blätter kaufen würden. Herrn Reimanns Geschichtslügen sind nicht denkbar ohne eine Leserschaft, die bereit ist, sie zu glauben. Herrn Nimmerrichters Haß auf Strafgefangene wird von breiten Bevölkerungsschichten geteilt. Herr Chorherr, ein Sympathisant südamerikanischer Terrorregimes, findet seine zustimmenden Leser. Demokratiefeindlichkeit, Aufforderung zur Menschenjagd, Verteufelung aller Andersdenkenden, Liebäugeln mit der Wiedereinführung der Todesstrafe, dies alles findet im heutigen Österreich ein wachsendes Publikum. Es ist unerheblich, ob sich die Urheber solcher Haltungen und Forderungen – gekaufte Journalisten und zynische Politiker – im privaten Kreise über ihr »dummes« Publikum lustig machen, erheblich ist, daß sie überhaupt eines finden. Daß unter diesem Publikum so viele Arbeiter, Angestellte, Bauern, Gewerbetreibende zu finden sind, ist besonders erschütternd.

Natürlich wünschen wir uns ein »anderes Volk«, ein aufgeschlosseneres, fortschrittlicheres, ein solidarischeres, ein kritischeres ... Aber die Wirklichkeit wird nicht von unseren Wünschen bestimmt. Einige meiner Freunde haben sich linken Splitterparteien angeschlossen. Sie verwechseln ihre Wünsche mit der Wirklichkeit und sprechen von einer Arbeiterklasse, die es so nur in ihrer Vorstellungswelt gibt. Andere, Verzweifeltere, beginnen die scheinbare Unveränderbarkeit des Menschen für eine reale zu halten.

Warum ist so viel Haß in der Bevölkerung, und warum richtet sie ihn so schnell gegen jeden, der ihr von den Oberen namhaft gemacht wird? Warum wollen so viele Arbeiter den »Terroristen« Kopf und weiteres abschneiden? Die undemokratische Situation am Arbeitsplatz ist für sie doch viel relevanter als die vermeintliche Bedrohung durch »Terroristen«. Warum hassen so viele Kärtner die Slowenen, von denen doch etliche für die Befreiung Kärntens vom Faschismus gekämpft haben? Warum sprechen so viele so ausdauernd über die Knöchelverletzung eines Fußballers namens Starek, und warum reden so wenige über die Tatsache, daß in Österreich Tausende durch Unfälle am Arbeitsplatz invalid werden? Warum werden so viele müde, abgeschlafft und desinteressiert, wenn es darum geht, die eigene Situation zu überdenken, Lösungen zu versuchen, sich mit anderen zu solidarisieren, und warum werden so viele wach und rege, wenn es gilt, andere zu hassen und zu verurteilen?

Ich möchte, auch das ist ein Versuch einer Antwort, zwei Geschichten erzählen. Vor ein paar Wochen traf ich einen Fliesenleger, den ich noch aus Maria Saal kannte. Er wohnt seit fünfzehn Jahren in einem Hochhaus in Simmering. Wir sprachen über die »Terroristen«, aber das Thema war schnell beendet, er war dafür, daß jeder gefangene »Terrorist« sofort erschossen wird. Vor ein paar Tagen stand er plötzlich vor meiner Wohnungstür, traurig, etwas betrunken, völlig verändert. Es war sehr schwierig, mit ihm zu reden, weil er sich ständig entschuldigte. Er sei seit Tagen nicht mehr zu Hause gewesen, er habe seine Frau geschlagen, er habe den Wochenlohn versoffen, er würde sich am liebsten umbringen. Nach jedem Satz machte er eine kurze

Pause, entschuldigte sich für die Umstände, die er mir mache, und fügte hinzu, daß sonst bei ihm alles in Ordnung sei. Am Ende unseres Gesprächs war nichts mehr in Ordnung. Alle seine so verständlichen Lebenswünsche, sich zu Hause zu fühlen, eine Familie zu haben, in einem zufriedenstellenden Beruf zu arbeiten, hatten sich in ihr Gegenteil verkehrt. Er hat sich in Wien nie zu Hause gefühlt, seine Frau hat zwei Kinder in die Ehe gebracht, die ihn ablehnen, für die Anschaffung der Wohnungseinrichtung ging er pfuschen, beim Pfuschen begann er zu saufen. Er sah sich selbst als Versager. Als wir uns das erste Mal trafen, funktionierte sein Abwehrsystem noch, er konnte andere, »Terroristen«, hassen, nun haßte er nur noch sich selbst.
Die zweite Geschichte: Wir besuchten eine ältere Frau in der Wiedner Hauptstraße, um mit ihr über die dreißiger Jahre zu reden. Wir sammelten Informationen für einen Film, den wir über diese Zeit machen wollen. Wir setzten uns in der Küche zusammen. Beim Thema Hitler kam sie auf den heutigen Terrorismus zu sprechen. »Terroristen« waren für sie alle, von denen sie sich bedroht fühlte, Gastarbeiter, Sexualverbrecher, randalierende Jugendliche, Demonstranten. Sie stellte diese Personen oder Personengruppen weit unter die Hunde. Hunde seien ohnehin besser als die Menschen, sagte sie, weil sie einen nie enttäuschen würden. Es fiel mir auf, daß sie mit steirischem Akzent sprach, und ich sprach sie auf diesen Umstand an. Sie erzählte uns, immer mit einem lächelnden Gesicht, als würde sie dies alles nicht betreffen, ihre Lebensgeschichte. Ihr Vater sei ein Keuschler in der Südsteiermark gewesen, sie sei als junges Mädchen nach Wien »in den Dienst« gekommen. Nach dem Kriege habe sie geheiratet und mit ihrem Mann in der Favoritenstraße eine kleine Drogerie »aufgebaut«. Sie sei eine »Geschäftsfrau« geworden, und die vornehmen Parteien des Hauses, in dem sie wohnte, hätten sie nicht mehr »von oben herab« behandeln können. 1955 habe ihr Mann sie

»wegen einer Jüngeren« verlassen. Ende der sechziger Jahre seien ihr die Kunden »weggeblieben«, weil man für den Bau der U-Bahn die Favoritenstraße aufzureißen begann. Völlig übergangslos stand sie auf und öffnete die Speistüre. Die Regale waren voll mit Drogerieartikeln, Waschmitteln, Bürsten, Schwämmen und so weiter. Das sei alles, was ihr geblieben sei, sagte sie. Ich fragte sie, was sie mit diesen Dingen mache. Sie würde sie »zitzerlweise« an die Hausparteien verschenken, denn es läge ihr sehr viel an einer »guten Nachrede«. Und wenn all diese Dinge verschenkt seien, was dann? Sie sei ohnehin schon zu lange auf der Welt, antwortete sie lächelnd.

Warum lächelt diese Frau, wenn sie von ihrem lebenslangen Kampf um Anerkennung spricht? Warum will sie sich heute noch die Zuwendung der Hausparteien durch Geschenke erkaufen? Warum wirkt sie so merkwürdig unbeteiligt, wenn vom Verlust ihrer Existenz die Rede ist? Sie wurde von ihrem Mann verlassen, und doch schien es, als wäre das nicht ihr, sondern einer anderen Frau zugestoßen. Wo sind, nach all diesen Lebenserfahrungen, ihre Gefühle der Trauer, der Enttäuschung, des Zorns? Warum richtet sich ihr Zorn gegen die Außenseiter dieser Gesellschaft, die ihr nie etwas angetan haben? Und der Fliesenleger, von dem ich vorhin erzählt habe, warum unternimmt er nichts gegen die Lebens- und Arbeitsbedingungen, die ihn fertigmachen? Warum will er alle »Terroristen« erschießen, und wenn das nicht funktioniert, sich selbst?

So viele Menschen geben sich selbst oder anderen, Minderheiten, Außenseitern, die Schuld an allem, was ihnen im Leben zustößt. Es muß an ihnen selber liegen oder an den Juden, den Langhaarigen, den Demonstranten oder wem immer. Die Gesellschaft, in der sie leben, kann keine Schuld haben. Sie wird ihnen ja ununterbrochen als die beste aller möglichen Gesellschaften eingeredet, in ihr kann doch jeder frei, reich und glücklich werden, wenn er sich nur ein bißchen anstrengt. Und wenn der Kampf um das Glück in dieser Gesellschaft nach jahrelanger Anstrengung immer aussichtsloser wird, wenn Schmerz, Trauer und Verzweiflung das Bild vom jungen, dynamischen Erfolgsmenschen aufzulösen beginnen, dann ist der Betreffende selber schuld, dann ist er ein Versager, dann ist das seine Privatsache, dann ist darüber zu schweigen.

Es herrscht Schweigen in den Familien und in der Öffentlichkeit, bis diese Stille von der Gewalt gegen einen selbst oder gegen andere durchbrochen wird. In der Kriminalberichterstattung, auf den sogenannten Gerichtssaalseiten, wird die Spitze des Eisberges sichtbar, ist nachzulesen, was passiert, wenn Zwang, Trauer und Ausweglosigkeit in Zerstörung umschlagen. Aber wie zynisch wird da berichtet: Niemals ist vom Leben dieser Menschen die Rede, von ihrer jahrelangen Sprachlosigkeit, ihrer Unfähigkeit, das Leben zu meistern, das Spiel weiter mitzuspielen. Niemand schreibt darüber, wie dieser Ausbruch von Gewalt hätte vermieden werden können, niemand sagt, welche Lebens- und Arbeitsbedingungen geändert werden müßten, damit er sich nicht wiederholt. Im Gegenteil, die Berichterstattung stilisiert diese Menschen zu abartigen Monstern, und viel zu viele Leser haben wieder ein Objekt für ihre Aggressionen gefunden.

Wie es in unserer Gesellschaft wirklich zugeht, wie terroristisch das Leben für so viele ist, wie daran etwas zu ändern wäre, darüber steht nichts in einem Großteil der österreichischen Zeitungen. Sie müssen, um am Ruder, das heißt im Geschäft zu bleiben, alles verfolgen und diffamieren, was in Alternativen zu dieser bestehenden Gesellschaft fühlt, denkt und handelt. Sie werfen sogenannte »linke Gesellschaftsveränderer« ihren Käufern zum Fraße vor, damit die Leser ja nicht auf die Idee kommen, ihren Zorn gegen jene zu richten, die in Wahrheit diese Gesellschaft immer schneller zu ihrem Nachteil verändern.

Kein »linker Gesellschaftsveränderer«, kein engagierter Schriftsteller oder Publizist, kein Umweltschützer hat das Leben vieler Menschen auch nur annähernd so beeinflußt, wie die moderne Industriegesellschaft es tatsächlich verändert hat. Sie ist der wahre Gesellschaftsveränderer, in einem ganz anderen, wahrhaft unmenschlichen Sinne.
Wie lächerlich und grotesk ist es doch, daß unsere konservativen Zeitungen und Parteien, ideologische Steigbügelhalter der Industriegesellschaft, Werte wie »Individuum, Natur, freies Bauerntum, Gesinnung, Heimat« und so weiter in ihrem Vokabular führen! Niemand sorgt rücksichtsloser für die Zerstörung dieser Werte als die Industriegesellschaft. Sie allein hat es zuwege gebracht, den Menschen und die Natur unter einem einzigen Zweck zu betrachten: alles zu verwerten, bis es entwertet ist, Abfall ist, Dreck. Nach ihrem Wolfsgesetz frißt sie die kleinen Handwerker, Gewerbetreibenden und Bauern auf, raubt ihnen die Identität. Wer heute in einem privaten Industriebetrieb arbeitet und Karriere machen will, kann jegliche Gesinnung vergessen. Er hat sich total mit dem »Produkt« zu identifizieren. Nichts interessiert multinationale Konzerne, die höchstorganisierte Form der Industriegesellschaft, weniger als eine »Heimat«. Mit ihrer ökonomischen Macht mischen sie sich in die Wirtschaftspolitik eines Landes ein, mit der Ästhetik ihrer Werbung und ihrer Produkte entkulturisieren sie ganze Kontinente.
Was sich in Jahrhunderten an Kultur, Architektur, Lebensform herausgebildet hat, wurde und wird von der Industriegesellschaft in wenigen Jahrzehnten zerstört. Völlig idiotische und die Gewalt verherrlichende amerikanische Fernsehserien, um nur ein Beispiel zu nennen, werden heute bis in den letzten Winkel der Erde ausgestrahlt. Der schwedische Nobelpreisträger Alfen nennt das »Omnizid«, den Angriff auf alles Lebendige. Für mich ist diese globale, die Menschen entwurzelnde Gewalt Terrorismus schlechthin.

Über diesen Terrorismus ist aus österreichischen Zeitungen, die von einem großen Publikum gelesen werden, wenig oder nichts zu erfahren. Worüber diese Zeitungen ununterbrochen schreiben, das ist eine Handvoll bundesdeutscher Gewalttäter, über deren traurige und sinnlose Taten schon genug gesagt wurde. Die Nachdrücklichkeit und das Ausmaß, in welchem unsere Zeitungen über diese »Terroristen« berichten, zeigt an, wie sehr sie sie brauchen. Sie sind ein Gottesgeschenk für reaktionäre Politiker und anverwandte Zeitungen, mit ihnen können sie wochenlang, seitenweise, Tag für Tag ablenken von allem, was die meisten Menschen viel nachhaltiger bedroht. Sie bieten ihnen die Möglichkeit, dem Zorn in der Bevölkerung neue und falsche Nahrung zu geben.
Bei so ausführlicher Beschäftigung mancher Journalisten mit den »Terroristen« ist es nicht verwunderlich, wenn sich die beiden zu ähneln beginnen. »Schauen wir sie uns an. Diese angeblich von Mitleid bewegten Figuren. Prägen wir uns ihre Züge ein. Ihre Haltung, ihre Haarfarbe.« Das hat ein »Kurier«-Journalist geschrieben. Das könnte in einem Manifest der RAF stehen. (1977)

Adolf Frohner

Ich habe gelesen, was einige wichtige Kunstkritiker über Adolf Frohners Bilder schreiben. Sie sprechen vom Verlust des Schönen, vom häßlichen Realismus, den Frohner den verlogenen Klischeebildern von der Frau entgegensetzt. Frohner zeige, sagen sie, die erbärmliche, geschundene, deformierte Frauengestalt. Dazu kann ich nur nicken, denn auch ich bin der Meinung, daß die Gesellschaft, in der wir leben, die Menschen deformiert, daß die Werbung verlogene Phantasiegestalten liefert. Doch während ich nicke, merke ich, daß ich Frohners Bildern um keinen Schritt näherkomme.

Ich finde keine Möglichkeit, an Frohners Bilder heranzukommen, wenn ich mich auf diese kulturkritische Distanz einlasse. Es ist immer das Problem der anderen, von dem man redet. Ich möchte einmal von meinem reden. Auf die anderen komme ich schon noch.

Mein Problem mit Frohners Bildern ist, daß sie mich abstoßen und daß ich gleichzeitig von ihnen angezogen bin. Seine angeblich so häßlichen Frauen lösen in mir Gefühle und Erinnerungen aus, die weit zurückliegen. Diese Erinnerungen sind schön, wohlig warm, irgendwie geil.

Zu Frohners Bildern ein Bild: In dem Kärntner Haus, in dem ich aufwuchs, lebte am Dachboden nach dem Kriege eine Frau. Aus meiner Kinderperspektive erschien sie mir alt. Meine Mutter sagte uns Kindern (drei Buben), daß wir nicht auf den Dachboden gehen dürften, die Frau hätte nämlich die Wanzen. Ich bin aber doch hinaufgegangen und oft auf ihrem Bett gesessen. Das Leintuch war seidig weich, ebenso die Kleider, die am Bett lagen. Ihre Lippen waren geschminkt, sie hatte riesige Ohrringe. Eine übergroße Narbe lief quer über ihren Bauch, und am Beginn ihrer Busenfalte bildeten sich Schweißperlen. Immer wenn sie mich gegen ihren Busen drückte, habe ich versucht, den Schweiß aufzulecken. Das war der schönste Augenblick meiner Dachbodenbesuche. Was aus dieser Frau geworden ist, weiß ich nicht. Im Dorf hieß sie später die Wanzenfee, und man sagte, natürlich hinter der vorgehaltenen katholischen Hand, sie hätte was mit den englischen Besatzungssoldaten gehabt. Als bevorzugte Wichsphantasie hat sich diese Frau bis in mein hohes Pubertätsalter erhalten.

Mein Freund Willi hat mir ähnliche Geschichten aus seiner

Stadtkindheit erzählt. Er verkroch sich unter den Treppen einer Mietskaserne im 20. Bezirk, um einen Blick auf die rosafarbene, pompöse Unterhose einer dicken Nachbarin werfen zu können.

Alle diese Geschichten haben etwas Gemeinsames. Unsere kindliche Liebe, Geilheit oder Neugier galt Frauen, die bestimmt nicht schön waren. Es waren Frauen, von denen Kinder aus dem proletarischen und kleinbürgerlichen Milieu umgeben sind: abgearbeitet, hager, unförmig, schwitzend, peinlich sauber, übermäßig bescheiden, gütig, aufgedonnert und so weiter. Sie entsprechen keinem offiziellen Schönheitsideal seit zweitausend Jahren, und trotzdem: diese bestimmten Erlebnisse mit ihnen waren wunderschön.

Warum finde ich diese Frauen aus meiner Kindheit – und sie sind es, die ich auf Frohners Bildern sehe – heute auch abstoßend? (Vor zehn oder fünfzehn Jahren hätte ich sie nur abstoßend gefunden.) Was an kindlicher Direktheit, Gefühlstiefe, Spontaneität habe ich da inzwischen abgestoßen, und wodurch habe ich es ersetzt? Warum wurde es mit zunehmendem Erwachsenwerden für mich immer wichtiger, gut auszusehen, zu entsprechen? Warum habe ich mit zwanzig Jahren in öffentlichen Bädern immer den Bauch eingezogen, bis mir schwindlig wurde? Warum habe ich, wenn ich mich mit einem Mädchen ins Bett legte, das Hemd angelassen und ihr erklärt, dies sei meine persönliche Note? Hand in Hand mit meiner körperlichen Verunsicherung ging die geistige. Da ich meinem Körper mißtraute, mißtraute ich auch meinen Gedanken. Ich hielt mich für häßlich und unfähig. Du siehst nicht gut aus, und du bist nichts, das sind die schlagenden Hämmer, mit denen man Kinder – besonders aus dem Kleinbürgertum – zusammendrischt. Alles Eigene und Eigentliche wird als unzulänglich empfunden, und das ist es auch, gemessen an den Normen, die man uns entgegenhielt und -hält. Ein Bub wird nie etwas werden, wenn er immer zurückredet. Er wird ein Krüppel werden, wenn er nicht gerade sitzt. Er wird Rückenmarkschwund bekommen, wenn er das noch einmal macht. Er wird sich verludern, wenn er so früh anfängt, und überhaupt: wir opfern uns auf, damit er so wird wie der Sohn vom Herrn Doktor. Und die Mädchen? Sie werden ihr Kleid schmutzig machen, wenn sie nicht schön am Rand gehen, und sie werden keinen Mann bekommen, wenn sie nicht ein fröhliches Gesicht machen. Und heute, wo die beiden groß sind, werden sie es im Leben aber schwer haben, wenn sie nicht wie ihr Nachbar »Kurier« und »Kronen-Zeitung« lesen und eine der beiden Großparteien wählen. In Kärnten kann man auch für die Nazis sein und gilt trotzdem als normal.

Heute kann ich, da ich einigermaßen gelernt habe, meinen eigenen Gedanken und Empfindungen zu vertrauen und mich zu wehren, meine damalige Situation verstehen. Damals hatten sich bei mir – und nicht nur bei mir – langsam, aber sicher, die ästhetischen und moralischen Normen einer Gesellschaft durchgesetzt, die verunsicherte und abhängige Menschen braucht. Das ist es ja, was eine Werbeschönheit und die Zehn Gebote Gottes gleichermaßen gefährlich macht. So viel internationalen Flair wie diese Jet-Schönheit wirst du, Arbeiterin aus Atzgersdorf, nie haben, also fühlst du dich als Lokaltrampel. Und niemand, den ich kenne, hat immer Vater und Mutter geehrt, solange sie leben. Ab und zu hat jeder einen Haß auf seine Alten, und patsch, schon hat er gesündigt.

Man sieht: die meisten Menschen sind von vornherein dazu verdammt, innen und außen nicht zu entsprechen.

Dafür werden sie auch noch bestraft. Eine fünfzigjährige Frau, die sich nicht wie eine gluckende Mutter verhält, sondern ihre Liebesgefühle offen herzeigt, gilt als lächerlich. Ein Mann, der nicht dynamisch, progressiv und unter dreißig ist, braucht sich die Stellenangebote für bessere Posten erst gar nicht durchzulesen. Aber: alle Menschen werden älter, und alle Menschen wünschen sich Zuwendung. Warum gibt

es Normen, die uns nicht entsprechen? Und warum versuchen wir diesen Normen gerecht zu werden, anstatt uns von ihnen abzuwenden?
Ich erinnere mich an einen Nachmittag in unserer Gruppe. Ein Mädchen erzählte, daß sie jahrelang ihre Hand vor die Nase gehalten hätte, weil sie glaubte, ihre Nase sei zu breit und unförmig. Aus irgendeinem Grunde bildete sie sich eines Tages ein, daß auch ihre Finger zu dick seien, und stand plötzlich vor dem fürchterlichen Problem, nicht nur ihre Knollennase, sondern auch ihre Würstelfinger zu verstekken. Wir machten daraufhin ein Spiel. Jeder sollte sagen, was ihm an seinem Körper nicht gefiel, was er sozusagen wegschneiden und durch etwas Schöneres ersetzt haben wollte. Es war grotesk: ein Mädchen fand ihren Busen zu klein, die andere zu groß, dem einen Mann war sein Hals zu kurz, dem anderen sein Arm, kurzum: alles war zu groß, zu dick, zu klein, zu schmal, zu krumm, zu flach und so weiter. Gleichzeitig geschah etwas Merkwürdiges. Immer wenn einer von uns sagte, dies oder jenes sei an ihm besondes häßlich, dementierte ein anderer und erklärte, aber das sei doch gerade der kleine Fehler, den er an ihm oder an ihr so liebe. Wir merkten, daß unsere Fehler etwas Kommunikatives, etwas Verbindendes hatten, daß sie für den anderen schön sein konnten. Wir begannen, Abstand von den Normen zu nehmen, wir begannen uns anzunehmen. Hätten wir wirklich alles weggeschnitten, was wir zu Beginn dieses Spiels für häßlich an uns hielten, wir hätten uns zerstückeln müssen, man hätte uns neu machen müssen.
Ich möchte von diesem Punkt meiner Überlegungen auf ein Erlebnis in Frohners Atelier kommen. Als ich ihn dort zum ersten Mal besuchte, gab er mir ein kriminalmedizinisches Buch mit Fotos zum Anschauen. Die Bilder waren furchtbar und haben mich tagelang nicht losgelassen. Fotos von Ermordeten und Selbstmördern, zerstückelte, zerschnittene und vergaste Leichen. Frohner machte mich auf etwas auf-

merksam: die Leichen wurden zumeist in pedantisch sauberen und ordentlichen Wohnungen aufgenommen. Hier waren Menschen zu Mördern und Selbstmördern geworden, die nach außen hin sicherlich ein tadelloses bürgerliches Leben führten. Ich suchte eine Erklärung und stellte eine Vermutung auf: wer die Normen der bürgerlichen Gesellschaft total zu übernehmen versucht, wer also, überspitzt ausgedrückt, der treueste Diener des Staates ist, muß zum Mörder oder Selbstmörder werden. Wer so anständig und normal sein will, wie man es von ihm fordert, so wohlverhalten und tüchtig, so erfolgreich und charmant, so fleißig und gutaussehend, so verständnisvoll und hart, so ehrlich und durchschlagskräftig, der kann nur wahnsinnig werden. Er muß mit dem Messer gegen sich selbst und andere vorgehen, weil das Menschliche mit all seinen Fehlern und Widersprüchen niemals diesen sinnlosen und unmenschlichen Normen entsprechen kann. Hier sehe ich auch Wurzeln des Faschismus, oder wie ein Verwandter von mir sagte: damals war alles ordentlich. Damit die Norm der Ordnung herrschen kann, muß alles Unordentliche – Menschliche – zerstört werden.

Ästhetische und moralisierende Normen dienten und dienen immer den Inhabern der Macht. Warum versuchen wir überhaupt, ihnen gerecht zu werden? Warum gehen Menschen bei diesem Versuch zugrunde? Warum arrangieren sich so viele? Warum setzen wir nicht uns an ihre Stelle? Oder um es auf die ästhetische Frage zu reduzieren: warum ersetzen wir die unmenschlichen und verlogenen Schönheitsideale der Werbung und der Illustrierten nicht durch unsere eigene proletarische, bürgerliche, kleinbürgerliche Realität? Wäre es nicht viel menschlicher und logischer, unsere Unvollkommenheit, unsere Falten und Tränensäcke, unseren Haarausfall und unsere Gänsehäufelfiguren, unsere Fehler und Fehlerchen, unsere ganze Verschandelung zum herrschenden Schönheitsideal zu erheben? Warum gelten

nicht wir als schön, da wir doch die Mehrheit sind? In einer Demokratie regiert doch die Mehrheit, oder?
Ich meine, daß man auch im ästhetischen Bereich, in der Malerei für eine menschlichere Gesellschaft kämpfen kann. Für mich ist Frohner ein revolutionärer Maler. Er malt schöne Frauen. (1977)

Dr. Taus

Liebe Freunde, liebe Zuhörer!
Jeder von uns muß sich des öfteren Luft machen. Bei mir geschieht dies, indem ich auf sehr unliterarische Weise schimpfe, bei unserem Freund Klaus Staeck kommen so geniale Plakate heraus wie »Dr. Taus' Komödienstadl«.
Trotzdem möchte ich kurz über etwas reden, das mir sehr am Herzen liegt. Ich will mich nämlich nicht zu lange bei meinem Zorn gegen reakionäre Politiker und anverwandte Pressegeister aufhalten, nicht das Dumme und Schlimme, das sie sagen, beschäftigt mich, sondern die Frage, warum so viele Menschen das glauben. Wenn Herr Taus sagt, wir würden mit unserer Literatur die zwölfjährigen Kinder verderben, so befindet sich diese Bemerkung ziemlich abseits jeglicher Vernunft, und trotzdem fühlen sich viele Menschen davon angesprochen. Jedem denkenden und überlegenden Menschen ist klar, daß ein zwölfjähriges Kind von der Brutalität, die es umgibt, von der Lieblosigkeit und von der hemmungslosen Vermarktung jeglicher menschlicher Beziehung viel nachhaltiger bedroht wird als durch einen literarischen Text, der ihm ohnehin erst nach genüßlicher Veröffentlichung durch den ÖVP-Pressedienst zu Augen

oder Ohren gekommen ist. Und trotzdem fällt diese Mischung aus politischem Kalkül und privater Dummheit auf fruchtbaren Boden. Es gibt zu viele Menschen, die es Herrn Taus abnehmen, daß er die Seelen der Zwölfjährigen retten will. Ich glaube, es steht uns nicht zu, uns über diese Menschen lustig zu machen, sie als ewig Gestrige und Reaktionäre abzutun. Unser Hochmut ist fehl am Platze, wir müssen die Gefühle und Gedanken dieser Menschen ernst nehmen, wir müssen uns mit ihnen auseinandersetzen.
Ich will und kann jetzt nicht eine politische und psychologische Untersuchung darüber anstellen, warum so viele bereit sind, alles zu glauben, was ihnen Ordnung und Sauberkeit verspricht. Ich möchte Ihnen aber eine kurze Geschichte erzählen:
Nachdem unsere Debatte mit Dr. Taus in Bruchstücken im ORF übertragen wurde, haben mich etliche Leute angerufen und beschimpft. Die meisten haben ins Telefon geschrien und sofort wieder aufgelegt. Bei einer Frau, die sehr aggressiv begann, gelang es mir, sie in ein Gespräch zu verwickeln. Wir haben uns zwei Tage später in einem Kaffeehaus getroffen.
Nach diesem Treffen habe ich verstanden, warum diese Frau dem Herrn Dr. Taus geglaubt hat. Sie hat eine vierzehnjährige Tochter, die seit drei Monaten Suchtgift nimmt. Sie selbst ging als junges Mädchen in die Friseurlehre, hat den Beruf aber nach der Heirat aufgegeben. Nachdem ihr Mann einen Arbeitsunfall hatte und die Rückzahlungsraten für die inzwischen angeschaffte Eigentumswohnung nicht mehr aufzubringen waren, ging sie wieder in ein Friseurgeschäft arbeiten. Das hatte die totale Entfremdung von ihrem Mann zur Folge, der sie mit Eifersucht verfolgte, weil er glaubte, sie würde nicht Überstunden machen, sondern hätte Rendezvous mit einem Friseurkunden. Seit dieser Zeit war die inzwischen zwölfjährige Tochter, so oft sie konnte, nicht mehr zu Hause.

Es war dieser Frau unmöglich, die gesellschaftlichen Verhältnisse für irgend etwas verantwortlich zu machen. Auch eine private Schuld konnte sie nicht fühlen. Sie habe doch immer das Beste für ihr Kind getan, ihrem Manne nur helfen wollen. Und trotzdem lebe sie jetzt in einer zerstörten Familie.
Diese Frau suchte alle möglichen Gründe für ihr Unglück: Heutzutage seien eben die Sitten zu locker, überall würden die Kinder dazu verführt, sich gegen ihre Eltern zu wenden, die Straßen seien mit ausländischem Gesindel voll, Autorität gebe es überhaupt keine mehr, das Schöne werde in den Dreck gezerrt und so weiter. Es klang , als hätte sie monatelang »Staberl« gelesen und ein paarmal Taus gehört.
Ich mache mich nicht lustig über diese Frau. Ich sage Ihnen, es ist unser privates und gesellschaftliches Versagen, wenn diese Frau nicht genug Kraft und Mut hat, gegen die Wirklichkeit, die sie umgibt, anzukämpfen. (1979)

Volkskultur

Liebe Freunde! Werte Kärntner!
»Das Maria-Saaler-G'läut, das hört man bis St. Veit«, heißt es in einem alten Kärntner Volkslied. Das klingt schön, aber es stimmt nicht. Die Glocke wird elektrisch betrieben, und ihr Klang wird überdröhnt von den Autokolonnen, welche über die neue Schnellstraße auf dem Zollfeld fahren. Ein Bauer mit fünfzehn Hektar, der sich einen Mähdrescher auf Schulden gekauft hat, blickt abends nicht »tiefbeglückt über die bestellte Scholle«, eher schaut er gramerfüllt auf die Mahnungen der Raiffeisenkasse, und bei dem Jäger, »vor

dem Reh und Hirsch zittern«, muß es sich um einen deutschen Industriellen handeln, der es sich leisten kann, einen der letzten verbliebenen Hirsche abzuschießen.
Die Inhalte der alten Lieder, die Trachtenkapellen, die Holzschnitzereien, was immer so als Volkskultur bezeichnet wird, stimmt mit der heutigen Wirklichkeit nicht überein. Was bleibt, ist die Form, die Uniform, der Kitsch. Aber gerade weil diese Kultur nichts mehr bedeutet, weil sie nicht mehr Aufschluß gibt über die Lebensbedingungen, Hoffnungen und Wünsche der Menschen von heute, ist sie für die herrschende Ökonomie und die herrschende Politik so nachhaltig und beliebig ausbeutbar.
Sie dient der Fremdenverkehrsindustrie als folkloristische Ware, ob einzeln oder in Massenproduktion, und der Politik als Aufputz, als Beiwerk. Wann immer ein Politiker Bodenständigkeit demonstrieren will, dann marschieren hinter und vor ihm die Musikkapellen, und er selbst spricht, als wäre er ein tausendjähriger Tambourmajor. Die Volkskultur von gestern wird zur geblasenen und geschlagenen Leerformel von heute und verhindert damit, zum Nutzen der Herrschenden, die Auseinandersetzung mit dem Morgen.
Die Mehrheit der Bevölkerung steht dieser Volkskultur, oder besser gesagt dem, was davon als geschändete Form übriggeblieben ist, ohnehin gleichgültig gegenüber. Sie konsumieren sie, aber sie leben nicht in ihr. Sie haben zu dieser Kultur ein Verhältnis wie zu einem alten Trachtenanzug. Man nimmt ihn für bestimmte Gelegenheiten aus dem Kasten, um ihn nachher wieder dorthin zu verbannen. Wenn Kultur Ausdruck des Lebens sein soll, dann ist diese hohe Festtagskultur nicht ihre Kultur, denn ihr Leben ist kein Festtag. Ihr Leben ist voller Schwierigkeiten und Ungereimtheiten, auch wenn zu Wahlzeiten alles gereimt klingt.
Es gibt Alternativen, Gruppen, die sich ihren eigenen Reim

auf die Verhältnisse von heute machen, die mit Liedern, Texten, Bildern und neuen Ausdrucksformen gegen die bestehenden und für bessere Verhältnisse kämpfen. Das ist für mich die neue Volkskultur, auch wenn sie von offizieller Seite ständig als pubertär, linksradikal, umstürzlerisch und was weiß ich vernadert wird.

Warum treten sozialistische Politiker, die ihre Fortschrittlichkeit so oft behaupten, nie mit einem kritischen Liedermacher auf, der etwas über die heutige Wirklichkeit – auch in Kärnten – zu sagen oder zu singen weiß? Sie hätscheln und beweihräuchern alles, was nach Gamsbart aussieht, und verhalten sich distanziert, wenn wirkliche Alternativen auftauchen wie beispielsweise das neue Kommunikationszentrum in Klagenfurt.

Man kann nicht offen deutschnational sein und nur im geheimen fortschrittlich. Tut man es, dann ist man schizophren oder unglaubwürdig. (1979)

Biographie des Lesens

Es gibt die schöne Geschichte vom Buben auf dem Lande, dem ein Lehrer oder ein Pfarrer ein Buch gibt und dem sich die Welt der Phantasie eröffnet. Der Bub liest und liest, wird gescheiter und gescheiter, und eines Tages wird er, der arme Bub vom Lande, Lehrer oder Professor oder Pfarrer. Die Geschichte ist als Biographie denkbar, auch meine gleicht ihr ungefähr, und doch ist sie eine Illusion: sie verschweigt, weil sie von der glücklichmachenden Moral des Aufsteigens ausgeht, den Preis, den dieser Aufstieg kostet. Sie unterschlägt die andere Geschichte, die unter der schönen liegt,

die Geschichte der Entfremdung von seiner Umgebung, den Verlust sozialer Wirklichkeit, die Einsamkeit des Aufsteigenden, des Lesenden.
Die ersten Geschichten, die ich aufgenommen habe, waren erzählt. Meine Mutter erzählte uns Buben vor dem Einschlafen Geschichten, denen eines gemeinsam war. In ihnen herrschte Gerechtigkeit, wurde Aggressivität bestraft und Gutsein belobigt, gute Taten, auch wenn sie im Verborgenen blühten, bekamen ihren gerechten Lohn, und schlechte Taten, selbst der geheimste Diebstahl, wurden früher oder später entdeckt. Meine Mutter hatte die Fähigkeit, die Dramaturgie der Geschichten zu kürzen oder zu strecken, je nachdem, ob wir müde waren oder munter. Die Moral der Geschichte, Strafe oder Lob, stellte sich früher oder später ein, sie kam unausbleiblich. Die Gerechtigkeit hatte etwas Selbstverständliches und gleichzeitig Überirdisches. Sie traf ein wie ein Naturgesetz, die Menschen mochten sich verhalten, wie sie wollten, es kam der Moment des Gerichts und des Einschlafens.
Außerhalb dieser Geschichten, im Leben des fünfjährigen Buben vom Lande, sah alles anders aus. Mein Vater war ein italienischer Kunsttischler, den es in den dreißiger Jahren nach Kärnten verschlagen hatte. Seine Sprache, dieses Gemisch von Kärntnerisch und Italienisch, seine ganze Art, paßte nicht in die bäuerliche Umgebung. Man akzeptierte ihn, weil er das Fremde an sich, das »Katzelmacherhafte«, durch eifriges Nachahmen der ortsüblichen Tugenden, Schuften und Häuselbauen, zu verwischen trachtete. Er galt als fleißiger Italiener, eine Ausnahme, die man sich gefallen ließ; bis an den Stammtisch der eingesessenen Bauern im Gasthaus schaffte er es allerdings nie. Die Kinder der Bauern waren meine Spielkameraden. Frech, aggressiv, verschlagen die Kinder der Kleinbauern und Hilfsarbeiter, protzig und selbstbewußt die Kinder der Großbauern. Ich erinnere mich, wie der Sohn eines Großbauern die anderen Kinder

mit einem Stück Speck erpreßte und kaufte, er kopierte den Besitzerstolz und die Unbarmherzigkeit seines Elternhauses. Die Kinder trieben sadistische Spiele mit Tieren, was keinen Erwachsenen kümmerte, aber wenn sie einmal zu spät aufs Feld kamen, bekamen sie Schläge mit der Gummiwurst, einem abgerissenen Keilriemen aus Hartgummi.
In dieser Kinderwelt war nichts von der beruhigenden Gerechtigkeit zu spüren, die in den Geschichten meiner Mutter vorkam. Gutsein wurde als Schwäche und Dummheit ausgelegt, man war ein Mutterkind, wenn man weinte, Bösartigkeit und Härte waren das einzige, das zählte. Als mir ein stärkerer Bub meinen ersten Ball wegnahm und ich ihn mit der Bemerkung, es sei doch der meine, wiederhaben wollte, lachte er mich aus und sagte, ich solle mir den Ball doch holen, wenn ich mich traue. Wenn ich weinend vom Spielplatz nach Hause kam, wenn die große Verzweiflung über mich kam, versuchte mich meine Mutter zu trösten. Sie sagte mir, daß ich etwas Besseres sei, und schob mir ein Schmalzbrot in den Mund, und manchmal ging sie zu den Bauern und beschwerte sich bei ihnen über deren Kinder. Das war das Schlimmste, was sie tun konnte, denn plötzlich stand ich vor den anderen Kindern als Verräter da, als Ausplauderer, als »Schiagler«, und sie bestraften mich dafür, indem sie mich aus ihrem Kreis ausschlossen.
Ein Versuch, »böse« zu sein – ich stahl aus dem Geräteschuppen des ortsansässigen Fußballvereines einen Lederball –, brachte mich den Kindern wieder näher und gleichzeitig in große Schwierigkeiten gegenüber meiner Mutter. Sie wußte nichts von der Sache, und das Schlimme war, daß ich sie betrogen hatte, daß ich nicht mehr »gut« war, daß ich mich aus der Moral ihrer Geschichten davongeschlichen hatte, daß ich etwas getan hatte, was mir längst die furchtbarsten Strafen hätte einbringen müssen. Die Sehnsucht, meiner Mutter die Wahrheit zu sagen, bestraft zu werden, wuchs immer mehr. Je länger ich damit wartete, desto un-

wahrer wurden ihre Geschichten, ich mußte es ihr sagen, ich mußte die Geschichten retten, und ich tat es auch. Die Geschichten durften nicht lügen, denn es wäre ja auch sie gewesen, die gelogen hätte.

Mein erster Versuch, die Zuneigung meiner Spielkameraden durch das Erzählen von Geschichten, durch das Ausspielen meiner Bildung zu erlangen, schlug fehl. Die Geschichte vom mutigen Knaben, der eine Katze aus dem brennenden Haus rettete, hatte wenig Sinn in einer Welt, in der es darum ging, einer Katze einen benzindurchtränkten Fetzen an den Schwanz zu binden und ihn anzuzünden. Mut gab es, aber man konnte nicht von ihm erzählen, man mußte ihn beweisen. Der Heuwagen stand vor der Tenne, ich stand oben am Giebel, die Kinder schauten erwartungsvoll zu mir hinauf. Die Geschichten meiner Mutter hatten mich verlassen, ich mußte springen.

In der Volksschule änderte sich die Situation. Der Umgang mit der Sprache, die Bildung, bekam einen Wert, weil sie vom Lehrer gefordert wurde. Ich half meinen Mitschülern, variierte das Aufsatzthema »Mein schönstes Ferienerlebnis« immer wieder, sagte ein, wenn ein Mitschüler auf die Frage des Lehrers keine Antwort wußte. Ich tat dies mit der Bösartigkeit des Vorzugschülers, der so laut einsagt, daß der Lehrer wohl merkt, wer hier der eigentlich Wissende ist. Es war eine hilflose Rache, die mir wenig einbrachte. Die Klassenkollegen brauchten mich, aber sie verachteten mich, den Besserwisser. Hätte ich mein Wissen für mich behalten, hätte ich nicht immer aufgezeigt, so hätte ich die Zuneigung des Lehrers verloren, an der mir doch so viel lag. Ich liebte den Augenblick, wenn er sich, nachdem er vier oder fünf Schüler das gleiche gefragt und von keinem eine Antwort bekommen hatte, lächelnd zu mir wandte, der ich schon die ganze Zeit aufgezeigt hatte. Ich platzte mit der Antwort heraus und spürte gleichzeitig, wie mich meine Mitschüler dafür haßten.

Das erste Buch, das ich in die Hand bekam, hieß *Wir lernen*

lesen, Erstlesebuch für Schulanfänger. Es begann mit Buchstaben, die langsam zu Sätzen wurden, und hatte auf jeder Seite ein Bild. Diese Bilder waren wunderschön: die Kinder spielten unter einem Apfelbaum, der Bauer schritt über das Feld und säte, die Mutter stellte gebratene Äpfel mit Zucker auf den Tisch, die Großmutter saß beim Herd und strickte. Ging es in den Geschichten meiner Mutter um Gerechtigkeit, so fand ich in diesem Buch Heimat, wie ich sie mir erträumte, Ordnung, Geborgenheit.
Mein Freund und Kollege Gernot Wolfgruber zeigte mir vor kurzem ein Schulbuch aus der Nazizeit. *Wir lernen lesen*, Deutscher Schulbuchverlag, Wien 1943. Es war das gleiche Buch, das wir in der Schule hatten, die gleichen Bilder, die gleichen Texte, dieselben Autoren (Kolar und Pöschl), mit einem einzigen Unterschied: in der Naziausgabe hatten die Kinder auf den Bildern HJ- und Pimpfuniformen an, in meiner Ausgabe trugen sie Lederhosen und Joppen. Der Faschismus hatte nur das Gewand gewechselt, nicht aber die Inhalte.
Die Heimat, die mich in Wirklichkeit umgab, war so ganz anders als die in meinem Lesebuch. Die Wirren der Nachkriegszeit hatten langsam aufgehört, die Verhältnisse begannen sich auf kapitalistische Weise zu normalisieren. Die Mechanisierung der Landwirtschaft machte Knechte und Mägde überflüssig, sie gingen als Hilfsarbeiter in die Stadt, die Kleinbauern, deren Höfe unrentabel wurden, folgten ihnen. Unser Nachbar erschoß sich mit einem Schlachtschußapparat. Ich flüchtete immer mehr in die Unwirklichkeit des Lesebuches, ich kopierte mit Butterpapier und Bleistift die Bilder aus dem Buch und bemalte sie mit Buntstiften. Der reale Verlust der Heimat führte zur Ideologie von der Heimat. Es geschah, was heute noch immer, schon wieder, im größeren Rahmen geschieht. Am Sonntag stehen die Blas- und Trachtenkapellen auf der Wiese neben dem überfüllten Parkplatz und beschwören singend und blasend eine Heimat, die es gar nicht mehr gibt.

Als Volksschüler, der alle Klassen mit Vorzug absolviert hatte, durfte ich in die Hauptschule nach Klagenfurt gehen. Meine neuen Klassenkameraden kamen aus einem ähnlichen Milieu wie ich, es waren durchwegs Kinder von kleineren Angestellten, Handwerkern, Gewerbetreibenden. Die Arbeiterkinder in unserer Klasse wurden, bis auf wenige Ausnahmen, bald in den B-Zug versetzt. Meine Mutter hatte kaum mehr Zeit für mich, ich kam nachmittags mit dem Autobus nach Hause, sie half dem Vater beim Hausbauen und im Betrieb, der zu florieren begann. Mit den Bauernkindern im Dorf hatte ich immer weniger Kontakt. Sie, die nun das Stigma der Zurückgebliebenen, der Sitzenbleiber, der ewigen Volksschüler trugen, vermieden ihn. Es war keine offene Ablehnung wie früher, keine aggressive Herausforderung. Sie ließen mich auf ihre schweigende Art spüren, daß ich jetzt ein anderer war, ein Besserer. Sie gingen weg, wenn ich kam, oder zuckten mit den Achseln, wenn ich einen Spielvorschlag machte. Sie hörten mit dem Murmelspielen auf, wenn ich mitmachen wollte. Ihre Murmeln waren klein und aus Ton, meine größer und aus Glas.
Die Mitschüler in der Hauptschule wurden meine neuen Freunde. Sie waren ähnlich wie ich, viel sich selbst überlassen. Ich versäumte oft absichtlich den Autobus, um mit ihnen durch die Stadt zu streunen. Die Geschichten meiner Mutter hatten aufgehört, die Dorfheimat war verloren, neue Vorstellungen zogen mich in den Bann. Sie hießen Fremde und Abenteuer. Das erste Mal stand ich nicht allein mit meinen Träumen, meine Mitschüler teilten sie, ich fühlte mich akzeptiert und aufgehoben. Wir lasen sogenannte Schundhefte, sie hießen *Sigurd, Akim, Peterle*. Die Moral der Geschichten, das Gute siegte über das Böse, interessierte uns wenig, wichtig waren die Abenteuer und die Länder und Zeiten, in denen sie spielten. Meine Mutter nahm mir die Hefte weg, wenn sie welche in der Schultasche fand, aber ich stahl ihr Geld aus der Brieftasche, um mir neue zu kaufen.

Ich hörte auf, ein Vorzugsschüler zu sein, die Zuwendung der Lehrer war mir nicht mehr wichtig, ich hatte genug Freunde.

Die Heftchen erschienen in wöchentlichen Abständen. Bevor das neue Heftchen eintraf, verbrachten wir viel Zeit damit, uns auszumalen, welche Abenteuer unser jeweiliger Held im nächsten Heft erleben wird. Einer in unserer Klasse, seine Mutter führte einen Witwenbetrieb, der Eternitplatten herstellte, las Karl May. Er wurde dafür vom Deutschlehrer gelobt, aber für uns war er ein Außenseiter, ein Snob.

Die Helden unserer Heftchen waren unbesiegbar. Maßlose Schwierigkeiten türmten sich vor ihnen auf, aber sie bewältigten alle, und wir fühlten uns ihnen nicht so unähnlich. Die Lehrer quälten uns mit Hausaufgaben, und die Eltern machten uns Schuldgefühle. Sie würden nur für uns schuften, sagten sie, und wir seien so undankbar und brächten schlechte Noten nach Hause. Aber wir blieben, ähnlich wie unsere Helden, standhaft und schlechte Schüler.

Nach der vierten Klasse Hauptschule ging ich auf Wunsch meiner Eltern in die Handelsakademie. Ich war ein dickes Kind, und meine Eltern konnten sich meine Zukunft nur im Zusammenhang mit Wirtschaft und Bank vorstellen. In der ersten Klasse der Handelsakademie fand eine ähnliche Selektion statt wie vorher in der Hauptschule. Die Hälfte der Schüler flog im ersten Jahrgang hinaus, ich konnte mich nur mit Mühe und Mahnungen in den nächsten retten. Die verbliebenen Schüler kamen durchwegs aus besseren Kreisen, die Kinder aus dem Mittelstand waren in der Minderheit, Arbeiter- oder Bauernkinder gab es fast überhaupt keine. Ich fuhr sofort nach Schulschluß mit dem Autobus nach Hause und lernte den ganzen Nachmittag. Freunde hatte ich kaum.

Ein neues Abenteuer begann – die Frau. Für mich waren Frauen entweder Göttinnen, unnahbare Feen oder Huren. Das letztere dann, wenn sie sich von einem Mitschüler, der mehr Geld als ich hatte, ins Kino oder ins Kaffeehaus einladen ließen. Der soziale Unterschied, die Höhe des Taschengeldes, der gute oder schlechte Anzug wurde zum entscheidenden Faktor auf dem Liebesmarkt. Da ich nicht mithalten konnte, entwickelte sich die Liebe in meiner Vorstellung zu etwas Edlem, Unantastbarem, das von nichts Irdischem beschmutzt werden durfte. Ich nahm geheime Liebschaften zu Mädchen auf, die nie etwas davon erfuhren, verfaßte Gedichte, zumeist umgeschriebene Klassiker. Das Thema Frau, die Sexualität wurde zum alles bestimmenden Faktor. Ich suchte sie in einer versperrten Abteilung des Bücherschrankes meiner Eltern und fand Bücher mit Titeln wie *Das Ehe- und Geschlechtsleben, Hygiene im Intimbereich*, sah gezeichnete Orgasmuskurven und Abbildungen von Geschlechtsteilen, aus denen der Eiter tropfte. Ich konnte mir Sexualität lange nur im Zusammenhang mit Krankheit vorstellen. Meine früheren Spielkameraden, die Bauernkinder, waren inzwischen ausgeschult, waren oftmals sitzengeblieben, hatten eine Lehre begonnen und wieder abgebrochen, waren Hilfsarbeiter geworden oder arbeiteten auf dem väterlichen Hof. Auch sie waren auf der Suche nach der Frau, und das spielte sich bei ihnen so ab: Sie belagerten die wenigen Kellnerinnen im Dorf über die Sperrstunde hinaus, blieben sitzen, betranken sich, machten schweinische Witze und hofften, daß eine der Kellnerinnen einen von ihnen für die Nacht auswählen würde. In meiner steigenden Sexualnot beschloß ich, meine hehren Vorstellungen von der Liebe zu vergessen, und versuchte das gleiche Spiel. Ich setzte bei der Kellnerin ein, was ich hatte: kopierte Poesie, angelesenes Wissen, viele Wörter. Sie fand meine Art fein und die der anderen grob, aber gevögelt hat sie nicht mit mir.

In dieser Mischung aus Schulstreß, Einsamkeit und Sexualnot begann ich wie ein Wilder zu lesen, alles, was ich zwischen die Finger bekam. Ich las alle Bücher aus dem kleinbürgerlichen Lesevorrat meiner Eltern: John Knittel, Heinrich Waggerl, Nazibücher, deren Titel mir entfallen sind, Biographien von Napoleon und Julius Cäsar, Reisebeschreibungen. In diesen Büchern fand ich nichts, was mir Sinn und Halt hätte geben können, nichts von dem, was mich bewegte. Das Leben war Selbstzweck, das Verschlingen von Büchern kapselte mich zumindest für Stunden von einer Welt ab, die ich nicht mehr verstand. Ich fand einen Freund, dem es ähnlich ging wie mir, auch er fand das Leben absurd. Wir stürzten uns, nachdem der heimische Vorrat durchgelesen war, auf Camus, Sartre, Dostojewski, stießen kreuz und quer in die unendlichen Weiten der Weltliteratur vor, verstanden kaum etwas und hatten trotzdem das Gefühl, großen Geheimnissen auf der Spur zu sein. Einen Schulfreund, den wir auf der Straße mit einem Mädchen trafen, machten wir mit der Frage, ob er überhaupt Dostojewskis *Idiot* kenne, fertig. Im Dorf lebte ein Komponist, in einem sehr schönen und kultivierten Hause. Ihm zeigte ich meine Gedichte, die ich damals in Serie schrieb und die immer das gleiche Thema hatten: die Welt ist ein absurdes Jammertal, es lohnt sich nur, für den Geist zu leben. Er brachte Ordnung in meine Lesewut. Er gab mir die Klassiker, die Romantiker, die Naturalisten, die Realisten zu lesen. Ich verbrachte Tage, Wochen in seiner Bibliothek, er schrieb mir Entschuldigungen für die Schule. An zwei Bücher aus dieser Zeit erinnere ich mich genau: Erich Maria Remarques *Im Westen nichts Neues* und Brechts *Kaukasischer Kreidekreis.* Sie hatten etwas Kämpferisches und Tendenziöses, das mich verunsicherte und zugleich faszinierte. Der Komponist, mein geistiger Ziehvater, fand die beiden Bücher zu platt und zu politisch.

Meine Eltern beschwerten sich über mein langes Wegbleiben von zu Hause, meine ehemaligen Spielkameraden, die Dorfkinder, inzwischen siebzehn- bis achtzehnjährige Burschen, grüßten mich kaum, wenn sie mich sahen. Der Komponist und seine Frau behandelten mich verständnisvoll,

aber ich war nur Gast in ihrem Hause, ich fühlte mich letztlich fremd bei ihnen. Ich gehörte nirgendwohin, ich war klassenlos geworden.
Heute, wenn ich zu Besuch im Dorf bin, treffe ich ab und zu meine alten Spielkameraden. Sie sind verheiratet, haben eine Menge Kinder oder sind geschieden. Sie laden mich auf einen Schnaps ein, klopfen mir, nachdem sie genug getrunken haben, auf die Schulter und schwärmen von unserer gemeinsamen Kindheit.
Ich werde unsicher, merke, daß sich meine Sprache verändert, erzähle von Filmen und Theaterstücken, die ich gerade schreibe, und spüre, wie ich noch immer mit falschen Mitteln um ihre Zuneigung kämpfe. (1980)

Heimat

Die »Alpensaga«, an der Willy Pevny und ich sechs Jahre gearbeitet haben, stellt, aus meiner Sicht, meinen persönlichen und literarischen Versuch dar, eine Heimat zu finden. Ich bin nach dem Kriege in einem Kärntner Dorf aufgewachsen und habe mich dort, wenn ich vom elterlichen Schutz absehe, nie heimisch, nie geborgen gefühlt. In der Schule wurde mir Heimat als Heimatkunde vermittelt, das Dorf als ein Ort der Harmonie, in dem Probleme nur durch das Auftauchen eines schlechten Charakters, den die Gemeinschaft loswerden mußte, entstanden. Heimat ist, so schilderte es der Volksschullehrer, der Ort des Brauchtums, der Gebete, der Bewahrung. Der Bauer war der Herr der Scholle, das Unrecht etwas, das Gott bestraft. Diese vermittelte Vorstellung von Heimat, die so schützend und beruhigend war, wurde mir entzogen durch das, was ich sah und erlebte: Bauern schlugen ihre Frauen und Kinder, unser Nachbar erschoß sich mit einem Schlachtschußapparat, Kleinbauern gingen zugrunde und in die nahegelegene Stadt arbeiten. Dieser Widerspruch zwischen Heimatvorstellung und Heimatwirklichkeit, oder besser gesagt, meine Unfähigkeit, ihn zu verstehen und zu deuten, machten mich heimatlos. Ich flüchtete in die Literatur, in die Phantasie und später nach Wien.

Menschen wie ich kommen vom Dorf nie los. Mein Versuch, zu verstehen, was dort los war und ist, hat nie aufgehört. Ich glaube, daß Heimat und Familie ursprünglich eine Einheit waren, eine Produktionseinheit. In der Familie, im Dorf wurde produziert, was die Familienmitglieder und das Dorf brauchten. Das Leben war überschaubar, die moralischen und ökonomischen Verhältnisse hierarchisch, aber beständig. Die Entwicklung der Produktivkräfte, der Verkehr, der Handel, die nationalen und internationalen Marktgesetze lösten diese Einheit auf. Die neue, kapitalistische Gesellschaft zerstörte Heimat als einen gewohnten und selbstverständlichen Ort und schuf als Ersatz die Ideologie von der Heimat, ein anachronistisches Bild voller Brauchtum und Trachten, eine große Lüge. Ein Beispiel: das Gewand der Bauern wurde erst zur »Tracht«, als die Bauern es gar nicht mehr trugen. Die neue Gesellschaft griff mit aller verändernden Gewalt in das Dorf ein und griff gleichzeitig das Dorf als beschauliches Thema der Malerei, der Literatur, des Salons auf.

Der Faschismus trieb diese Methode auf die Spitze: mit seinem großdeutsch uniformierten Brimborium vergewaltigte er die Reste gewachsener, lokaler Ausdrucksformen, zerstörte durch die Umstellung auf Kriegswirtschaft die letzte Unabhängigkeit der Bauern und mystifizierte gleichzeitig den Bauernstand, erhob ihn zum völkischen Vorbild.

In der Zweiten Österreichischen Republik wurde aus dem Völkischen das Volkstümliche, verlogen bleibt es trotzdem. Was nach dem Zweiten Weltkrieg in zahlreichen Heimatfilmen und Brauchtumssendungen das Heimatbild beschwor und bis heute prägt, hatte und hat mit der Wirklichkeit immer weniger zu tun. Die letzten fünfzehn Jahre gab es eine noch nie dagewesene Proletarisierung der Bauern, über dreißigtausend bäuerliche Klein- und Mittelbetriebe gingen zugrunde. In ihren verkauften, vermieteten Häusern sitzen Stadtflüchtlinge, Künstler und genießen ihr wochenendkurzes Landleben mit geschlossenen Augen.
Nach sechs Jahren Arbeit an der »Alpensaga«, nach kirchlichen Drehverboten, Verleumdungen des Bauernbundes und des Kameradschaftsbundes, nach vielen Gesprächen mit Menschen am Lande und mit Historikern, nach sechs Filmen, die Dieter Berner aus unseren Drehbüchern gemacht hat, habe ich das Gefühl, daß ich auf der Suche nach Heimat ein Stück weiter bin, meiner Heimat näher bin. Nicht den vermittelten Heimatbildern meiner Jugend, sondern der Wirklichkeit und damit auch der Chance, sie zu verändern. (1980)

Janko Messner

Der Schriftsteller Janko Messner ist mein Kollege, aber mein Verhältnis zu ihm wäre mit dem Wort »kollegial« nur unzureichend beschrieben. Es ist mehr, viel mehr, was mich mit ihm verbindet. Ich glaube, ich liebe ihn wie einen Bruder.
Bevor ich mit Janko selbst Geschichten erlebt habe, von

denen ich erzählen werde, kannte ich seine Literatur, seine Geschichten. Sein leidenschaftliches Eintreten für die slowenische Volksgruppe in Kärnten, sein Kampf um die Erhaltung der slowenischen Sprache, seine Trauer über die langsame Ausrottung der Wörter und Sätze, in denen er dachte und fühlte, überzeugten mich. Es bestand eine Art Geistesverwandtschaft zu ihm, ich respektierte und unterstützte sein Anliegen, wie ich das der unterdrückten Schwarzen in Südafrika respektierte und unterstützte. Mein Engagement und meine Solidarität liefen über den Kopf, ich war schon zu lange von Kärnten weg, um wirklich zu spüren, wie es Janko und den Slowenisch sprechenden Kärntnern ging.
Als die slowenische Sprache auf die Ortstafeln kam und viele Deutsch sprechende Kärntner glaubten, zwei Ortsbezeichnungen auf einer Tafel nicht ertragen zu können, und zur Barbarei übergingen, kam mir Kärnten auf eine bedrohliche Art näher. Hier geschah etwas vor meiner Haustüre und nicht in Afrika, ich verlor die Distanz des intellektuell engagierten Schriftstellers, ich stellte fest, daß unter den Wütern gegen die Slowenisch sprechende Minderheit Bekannte, Nachbarn, ehemalige Schulkameraden waren. Ich nahm mir vor, in Kärnten nur noch gemeinsam mit Slowenisch sprechenden Autoren aufzutreten. Ich wollte demonstrieren, daß es in diesem Lande zwei Sprachen gibt und folglich auch zwei Literaturen.
Das Kulturamt der Stadt Villach lud mich ein, im Kongreßhaus eine Lesung zu halten. Ich wollte die Einladung unter der Bedingung annehmen, daß Janko, ein weiterer Slowenisch schreibender Kollege und ich gemeinsam auftreten. Das wurde abgelehnt. Ich nahm die Einladung trotzdem an und griff zu einem Trick. Ich las vier Geschichten vor, die ersten zwei wurden vom zahlreich anwesenden Publikum besonders akklamiert. Ich bedankte mich beim Publikum und sagte, daß der Applaus zu einem großen Teil nicht mir gebühre, sondern den zwei im Saale anwesenden Kollegen,

deren slowenisch geschriebene, ins Deutsche übersetzte Geschichten ich soeben vorgelesen hatte.
Nach einer Schrecksekunde geschah viel Schlimmes: Janko und sein Kollege wurden beschimpft, niedergebrüllt, beleidigt. Ihre Geschichten, die man noch kurz zuvor mehr beklatscht hatte als die meinen, waren plötzlich schlecht, hinterfotzig, reine politische Agitation. Das Wertvolle war plötzlich wertlos geworden, das Schöne häßlich, das Literarische platt, die Zustimmung des Publikums ein Irrtum, und dies alles aufgrund einer einzigen Tatsache: Die Autoren bekannten sich zur Slowenisch sprechenden Minderheit. An diesem Abend veränderte sich mein intellektuelles Engagement. Ich habe plötzlich gespürt, was es heißt, ein Slowenisch schreibender Autor in Kärnten zu sein. Aus einer geistigen Solidarität wurde Zuneigung, Freundschaft, Bruderschaft.
Dieses Spiel wiederholte sich noch des öfteren. Unsere Bruderschaft bekam eine Praxis. In Ferlach mußte ich mit meiner Abreise drohen, damit man Janko auf das Podium ließ. Die Literaturkritiker in den Zeitungen verschwiegen oder verhöhnten ihn. Sie beleidigten seine Literatur, aber es war sein unbeugsames Eintreten für die Minderheit, das sie, die angepaßten Feiglinge in den Redaktionen, beleidigte. Er, der seine Muttersprache und damit seine Identität nicht verriet, wurde für die Verräter zum kaum erträglichen Ärgernis. Wie oft habe ich erlebt, daß gerade jene, deren Eltern noch Slowenisch sprachen, ihn am meisten haßten. Aber auch das Gegenteil habe ich erlebt: daß er Menschen, die ihre sprachliche Herkunft verschwiegen, Mut gab.
Die Sprache ist der Ausdruck menschlicher Identität. In ihr wird geträumt und erinnert, phantasiert und gestritten, in ihr speichern sich die Erinnerungen der Jugend und die Hoffnungen der Menschen. Keine Sprache, keine Hautfarbe, keine Rasse ist besser, edler, wertvoller als die andere. Aber wenn man einer Menschengruppe die Sprache

nimmt, sie von Amts wegen verbietet, sie überpinselt, sie »schiach« nennt, dann gewinnt sie für diese Menschen an Wert. Wer Jankos verzweifelten Kampf um die Erhaltung der slowenischen Sprache verstehen will, muß wissen, was für ihn damit verbunden ist: die Existenz von Geschichte und Gegenwart, von Würde und Selbstachtung der Slowenisch sprechenden Kärntner.

In diesem Kampf spielt sich für mich auch etwas Grundsätzliches, weit über die Kärntner Verhältnisse Hinausgehendes ab. Wenn heute die national-faschistischen Heimatdienstler in Kärnten alles Slowenische ausrotten wollen, so sind sie damit nur Werkzeuge eines viel umfassenderen, modernen Faschismus, der keine nationalen und ideologischen Haltungen mehr brauchen kann, dem auf dem Weg zum total angepaßten Konsummenschen Ideologien und Grenzen nur hinderlich sind, der den völlig gleichgeschalteten, seiner Geschichte und Widersprüchlichkeit beraubten Menschen braucht, um die Herrschaft der totalen Manipulation errichten zu können. Die Kärntner Hitlerbartträger, diese provinziellen Gleichmacher und Ordnungsfanatiker, werden die Gleichgemachten und Geordneten von morgen sein. Sie werden einer internationalen Tourismusindustrie als hirnlose Schuhplattler und Landschaftsgärtner dienen.

Der Kampf um die Erhaltung der slowenischen Sprache ist gleichzeitig der Kampf um die Erhaltung der menschlichen Differenziertheit. Alles Verschiedene, Unterschiedliche, alles Sperrige, Unordentliche, Menschliche geht in immer absurderen und globaleren Ordnungssystemen auf, die alles gleichmachende Coca-Cola-Kultur reicht heute bis in jeden Winkel der Erde. Dieser neue Faschismus befehligt keine Panzer und Generäle, sondern Marketingmanager und Supermärkte.

Ich habe oft erlebt, wie sie den Janko in irgendeine Ordnung pressen wollten. In die Schulordnung, in die Diskussionsordnung, in die Parteienordnung, in die deutsche Sprachordnung, in die kapitalistische Ordnung. Er saß oder stand unter ihnen, wirkte scheu und verlegen und wich kein Jota von sich ab. Er blieb bei seiner Angst, seiner Verletztheit, seiner Überzeugung, seiner Trauer. Er spielte ihnen nichts vor und gab ihnen nicht nach. Ich liebe ihn wie einen Bruder. (1980)

Stimmungsbilder zur Lage der deutschsprachigen Minderheit in Kärnten oder: Wie sieht es aus, wenn es einmal umgekehrt aussieht?

1. Das Gesetz zum Schutze der deutschsprachigen Minderheit tritt in Kraft. Die Amtssprache in allen öffentlichen WCs ist Deutsch.
2. Landeshauptmann Wagner wird Ehrenmitglied des slowenischen Schafzüchtervereines und bezeichnet sich als hochgradigen Hirtenjungen.
3. Ein Kärntner Landespolitiker versteckt seine Deutsch sprechende Großmutter im Keller.
4. Alle Partisanen, die gegen den Faschismus gekämpft und damit der Kärntner Heimat einen Dienst erwiesen haben, schließen sich im Kärntner Heimatdienst zusammen. Eine andere Organisation gleichen Namens wird wegen Irreführung aufgelöst.
5. Mit dem Schlachtruf »Ho Ruck übern Loibl« fallen die letzten sieben Mitglieder des Abwehrkämpferbundes in Slowenien ein. Sie werden vom staatlichen jugoslawischen Touristenbüro ins Unterhaltungsprogramm aufgenommen.

6. Herr Feldner, der Führer des ehemaligen Kärntner Heimatdienstes, übersiedelt ins Spandauer Gefängnis. Er wird ständiger Tarockpartner von Rudolf Heß.
7. Eine internationale Kommission untersucht die Lage der deutschsprachigen Minderheit in Kärnten. Der Landespolitiker holt seine Großmutter aus dem Keller.
8. Dr. Mario Brunnenfeld wird zur Attraktion der diesjährigen Urlaubssaison. Mit einem Wikingerhelm auf dem Kopf, aber ansonsten nackt, führt er den ausländischen Gästen einen Bauchtanz vor. Die Darbietung findet täglich in der Fußgängerzone zwischen Altem und Neuem Platz statt – bei Schönwetter. Bei Schlechtwetter in den Schauräumen des Amtes der Kärntner Landesregierung.
9. Am Kartenschalter des Klagenfurter Hauptbahnhofes verlangt ein Reisender eine Fahrkarte, auf deutsch. Die Großmutter des Landespolitikers, die gerade die internationale Kommission verabschiedet hat, gratuliert zu seinem Mut.
10. Unter der Devise »Fein sein, aufeinander bleiben« starten die Kärntner SPÖ und das Villacher Puff eine gemeinsame Werbekampagne.
11. Kreisky ersetzt seine jüdische Herkunft durch eine slowenische. Der Nahostkonflikt erhält einen neuen Akzent.
12. In Klagenfurt wird ein deutschsprachiges Gymnasium eröffnet. Die Großmutter des Landespolitikers besteht die Aufnahmeprüfung.
13. Mit dem Lied »Warum ist es am Rhein so schön« geht ein Boot, vollbesetzt mit betrunkenen deutschen Urlaubern, im Wörther See unter. Die slowenische »Kleine Zeitung« bezeichnet diesen Vorfall als unnötige Germanisierung unserer Heimat.
14. Der Pfarrer von Maria Saal fürchtet sich vor der deutschsprachigen Minderheit. Er schlägt den Bau einer Hängebrücke über die Karawanken vor, als möglichen Fluchtweg.
15. Das diesjährige Hirtenwort des Bischofs von Gurk steht unter dem Motto: Slowenisch is beautiful und gottgewollt.

16. Die Großmutter des Kärntner Landespolitikers besteht die Matura im deutschsprachigen Gymnasium mit Auszeichnung und erhält prompt eine Anstellung als Putzfrau in einem Kaufhaus.
17. Herr Horten, der Besitzer des Kaufhauses, kassiert dafür den Vorwurf der Überfremdung durch deutschsprachige Elemente. Er entläßt die maturierte Großmutter, fährt nach Bleiburg und ißt dort demonstrativ Cevapcici.
18. Der Intendant des Klagenfurter Stadttheaters setzt neben Werken von Joze Boschitz, Janko Messner, Gustav Janus, Marjan Mancek, Florian Lipus Goethes »Faust« auf den Spielplan. Er verteidigt diese deutschfreundliche Maßnahme mit dem Hinweis, daß es sich beim »Faust« ohnehin nur um die Ergüsse eines alternden Alkoholikers aus Weimar handle.
19. Die deutschsprachige Minderheit soll gezählt werden. Diese Aufgabe wird dem Kärntner Blindenverein übertragen und geht als Volkszählung besonderer Art in die Geschichte ein.
20. Nachdem das Ergebnis der Volkszählung feststeht, wird allen deutschsprachigen Kärntnern das Recht der freien Kulturausübung und freien Meinungsäußerung in der eigenen Badewanne zugebilligt.
21. Bürgermeister Guggenberger hört auf den Rat der Kärntner Slowenen und läßt sich einen serbischen Schnauzbart wachsen.
22. Die FPÖ, früher Faschistische Partei Österreichs, eröffnet eine Filiale in Laibach und erklärt ihre Sympathien für den Sozialismus. Dr. Scrinzi läßt sich im Mao-Look vor einem Tito-Denkmal fotografieren.
23. Die slowenischen Ortstafeln sollen auch deutsch beschriftet werden. Gott, der auch schon slowenisch angehaucht ist, entfacht einen Sturm, weshalb das ganze unterbleibt.
24. Die verbliebenen deutschsprachigen Kärntner treffen

sich zu einer Lagebesprechung im Keller der maturierten Großmutter des Kärntner Landespolitikers. Sie wählen einen Schäferhund zum stellvertretenden Vorsitzenden.
25. Die deutschsprachige Literatur in Kärnten geht in den Underground. Wilhelm Rudnigger wird Chefdissident.
26. Die deutschsprachige Minderheit wird eingeladen, bei den Feiern anläßlich des 10. Oktober mitzumachen. Unter dem Motto »Kärnten frei und ungeteilt« dürfen sie ihre eigene Kultur und ihre eigenen Lieder in slowenischen Kostümen und slowenischer Sprache vortragen.
27. Sie verzichten darauf und feiern mit anderen Minderheiten den 11. Oktober. (1980)

Literatur und Kirche

Wenn ich über Kunst und Kirche spreche, dann möchte ich den großen Bereich der Kunst auf einen seiner Teile eingrenzen: auf die Literatur. Das Verhältnis der Kirche zur Literatur war schlecht und ist schlecht. Zu Zeiten, als die Kirche die Möglichkeit hatte, ihre Meinung zur Literatur mit den Mitteln der unbeschränkten Macht zu vertreten, hat sie dies auch ausführlich getan: sie hat Literatur verboten und Literatur vernichtet. Heute bestehen die Machtmittel der Kirche in der Ignoranz gegenüber der Literatur oder in ihrer Verleumdung. Wir haben bei der Herstellung unserer Fernsehserie »Alpensaga« erlebt, wie Priester von den Kanzeln gegen uns und unsere Arbeit wetterten, von der sie nichts gelesen und gesehen hatten.
Auch die Literaten reagieren auf die Kirche: mit Zorn, wenn sie von der Kirche angegriffen werden, normalerweise aber

mit Gleichgültigkeit. Die Kirche ist kein Gestaltungsthema für die Literatur und kein Diskussionsthema für die Literaten. Die Literatur kommt, abgesehen von störenden Einmischungen, ohne die Kirche aus, aber, so denke ich, nicht ohne Christlichkeit.

Christlichkeit ist für mich die Trauer über die Schändung des Menschen und der leidenschaftliche Kampf um die Wiederherstellung seiner Würde. Diese Christlichkeit ist aus der Kirche ausgewandert, sie ist längst woanders, geblieben sind die starren Gesichter der kirchlichen Würdenträger, die nicht nur klimatische Kälte in den Kirchen. Geblieben ist ein liturgischer Club, der mit der Aufrechterhaltung seiner Regeln beschäftigt ist und mit dem Zählen seiner Groschen, die in viele Millionen gehen. Mein Kirchenbild ist einseitig, ich gebe es zu, aber ich habe an der Kirche nie eine andere Seite erfahren als die kalte.

Ein Kollege, Verfasser einiger miserabler Theaterstücke, der neue Papst, kennt die Situation zwischen Kirche und Literatur. Er reagiert darauf wie ein österreichischer Parteipolitiker; die Kirche, so mahnt er, solle der Literatur ein bisserl toleranter gegenübertreten, und die Literaten sollen, so mahnt er, die Menschen ein bisserl weniger grauslich beschreiben. Damit unterstellt er den Literaten, was ihnen die Feinde der Literatur schon immer unterstellt haben: die Lust am Herzeigen des Bösen, als drücke sich in den bösartigen Handlungen einer Bühnen- oder Romanfigur die persönliche Haltung des Literaten aus. Diese Dummheit wäre lächerlich, wenn sie nicht so symptomatisch wäre.

Ich erinnere mich an das Gespräch zwischen dem ehemaligen Parteiobmann der ÖVP und Literaten. Der Parteiobmann warf meinem Kollegen Henisch vor, in einem seiner Stücke trete eine Figur auf, die mit Genuß Haschisch rauche, und wie er, Henisch, das verantworten könne? In Schillers »Räubern« tritt Franz Moor auf und plant den Mord an seinem Bruder. Wie konnte Schiller das verantworten? Das

Schreckliche in der Literatur ist das Entsetzen des Literaten über das Schreckliche.
Ich habe gesagt, daß die Literatur ohne die Kirche auskommt. Ob die Kirche die Literatur braucht, weiß ich nicht.

(1981)

Gerhart-Hauptmann-Preis

Sehr geehrte Damen und Herren!
Liebe Freunde!
Von Österreichern, die im Ausland zu Worte und zu Ehren kommen, ist man gewohnt, daß sie auf ihr Land schimpfen, ja man erwartet das geradezu von ihnen. Ich werde das nicht tun. In meinem österreichischen Paß steht unter Beruf »Heimatdichter«, und das ist durchaus nicht ironisch gemeint. Ich bin der Sohn eines italienischen Einwanderers, der es nie bis an den Stammtisch der Einheimischen gebracht hat. Als wir unsere Fernsehserie »Die Alpensaga« drehten, haben uns die Repräsentanten dieses Stammtisches, Bauernbündler, Kameradschaftsbündler, Geistliche, das Leben schwer gemacht. Im Unterschied zu meinem Vater, der von diesen Leuten akzeptiert werden wollte, um den Makel seiner Herkunft vergessen zu können, fühle ich mich von ihnen nicht verfolgt, sondern angemessen behandelt.
Der Direktor des Wiener Volkstheaters spielt im Jänner mein neuestes Stück. Sie setzen ihn schon jetzt unter jenen Druck, der bei uns nicht Zensur, sondern Nahelegung heißt. Ich habe Gegner und Freunde in Österreich, und ich gehöre dorthin.
Sie werden verstehen, daß ich mich über den Preis, den Sie

mir heute verleihen, schon deshalb freue, weil er meine Gegner ärgert. Ich stelle jetzt nicht die etwas eitle Überlegung an, ob ich ihn wirklich verdient habe. Sie haben sich die Sache überlegt und mir einen Preis gegeben, der mir ein stabileres Fundament für meine Auseinandersetzungen gibt. Sie haben mir einen nicht zu verachtenden Geldbetrag zukommen lassen, und Sie haben mein Selbstbewußtsein gestärkt, dafür danke ich Ihnen sehr und aufrichtig.

Im übrigen befindet sich die Welt in einem katastrophalen Zustand. Alles ist entsetzlich: die Institutionen sind anonym, die Luft ist verpestet, der Körper ist vergiftet, die Seele ist zerstört, und der nächste Weltkrieg kommt sowieso. Mit einem Wort, »die Welt steht auf kan Fall mehr lang«.

An dieser Vision, die als Schreckgespenst umgeht, schreckt mich folgendes: der Mensch, der handelnde und behandelnde, der eingreifende und verändernde, ist aus ihr ausgeklammert. Er wird zum alles erduldenden und an allem leidenden Objekt einer Welt degradiert, die einer gefühllosen Maschine gleicht, einer anonymen Macht, die nach eigenen, zerstörerischen Gesetzen funktioniert. In einer solchen Welt wird der Mensch nur getrieben und betreibt nichts mehr. Er hat keinen Einfluß auf die Sache, er wird nur noch sachgezwängt. Er gleicht einem Hund, der sich auf den Rücken gelegt hat und darauf wartet, bis ihm die Atomsprengköpfe auf den Bauch sausen. Ich wehre mich mit aller Kraft gegen diese neue Haltung, weil sie die Erklärbarkeit und damit die Veränderbarkeit der Welt dem Menschen entzieht. Ich bin tatsächlich einer, der glaubt, daß alles vom Menschen ausgeht und auch dorthin wieder zurückzubringen ist.

Vielleicht ist das Wettrüsten zwischen Herrn Reagan und Herrn Breschnew auch ein geriatrisches Problem, vielleicht müssen die Herrn Missiles steigen lassen, weil sich sonst nichts mehr regt, und vielleicht ist es bei Herrn Schmidt so

halbe halbe, weil er immer vom Doppelbeschluß redet. Vielleicht steht hinter dem deutschen Computer, der demnächst die Länge der deutschen Vorhaut datenverarbeiten wird, nicht nur das anonyme Schutzbedürfnis einer terrorverängstigten Gesellschaft, sondern auch das Schmutzbedürfnis eines Beamten vom Bundesnachrichtendienst, den seine Mutti zu früh sauber gemacht hat? Könnte man nicht, aus Gründen der Klarheit, den Polizeiknüppel mit einem Präservativ überziehen und Beichtstühle als Verschleißstellen für Pornografie konzessionieren? Warum sollen wir Angst haben vor Herrn Teller, dem Erfinder der H-Bombe, der im österreichischen Fernsehen allen Ernstes erklärte, eine Liebesumarmung sei letzten Endes gefährlicher als die Nähe eines Atomkraftwerkes, wo doch offensichtlich ist, wovor Herr Teller Angst hat? Vielleicht ist der Staat, dieser angeblich so anonyme, in Wirklichkeit ein glatzköpfiger Herr, Mitte vierzig mit einem Samsonitekoffer, in dem sich Bestechungsgelder einer Abbruchfirma befinden?
Vielleicht bin ich ein Idiot, der die Dinge viel zu einfach sieht, wo sie doch in Wirklichkeit viel komplizierter sind. Ich bestehe auf dieser Art von Idiotie, ich sehe nicht die »Dinge«, ich sehe die Menschen, die mit Dingen umgehen, und täte ich das nicht, dann bekäme auch ich diese verteufelte Angst, einer anonymen Welt ausgeliefert zu sein. Ich brauche diese Vorstellung, alles geht vom Menschen aus und ist auch dorthin wieder zurückzubringen, sonst könnte ich nicht leben.
Vor elf Jahren habe ich in der Bundesrepublik Deutschland gelebt und als Bauarbeiter gearbeitet. Damals war ich von jungen Leuten umgeben, die alles für veränderbar hielten. Ein Jahr später wurde ich durch glückliche Zufälle, über die ich mich noch heute freuen kann, ein Dichter. Einige der Jungen waren inzwischen beim Theater gelandet und warfen mir dort mit einem Ingrimm, zu dem nur ein deutscher Dramaturg fähig ist, mangelhaften Marxismus vor. Inzwi-

schen habe ich, weil ich nicht mehr so früh aufstehen muß und abends nicht so müde bin, eine Menge dazugelernt, aber meine marxistischen Autoritäten von damals sind schon wieder ganz woanders. Nach zehn Jahren Verräterei an ihren Überzeugungen und Utopien haben sie jetzt einen privaten Zustand erreicht, den sie auf den allgemeinen übertragen: alles ist hoffnungslos und entsetzlich. Aber nicht einmal diese Überzeugung kommt von ihnen, sie entnehmen sie ihren Amtsblättern, dem deutschen Feuilleton. Dort messen die Herren Kritiker die Verzweiflung der Dichter wie ein Bundestrainer die Wadeln seiner Läufer: die stärksten spielen in der ersten Liga beziehungsweise in den Staatstheatern. In Österreich – und das ist jetzt nur eine Randbemerkung und keine Schimpferei – wurde übrigens die Verbindung zwischen Kultur und Sport schon längst hergestellt. Wer auf der Sportseite versagt, wird auf die Kulturseite abgeschoben.

Kommt denn in dieser Kulturszene, die ein abgekapselter Verein von Dichtern, Dramaturgen und Kritikern ist, die sich gegenseitig in die Tasche denken, niemand auf die Idee, die so ausschließlich propagierte Kälte dieser Welt könne auch etwas mit der eigenen Gefühlskälte zu tun haben? Nimmt denn niemand wahr, daß es auf den Straßen dieses Landes und in den Köpfen vieler Jugendlicher so ganz anders aussieht? Warum sucht das deutsche Dichter-Ich, das so schrecklich verletzte, keinen Arzt auf oder die Wärme und Zuwendung des Allernächsten? Gibt es nicht auch die persönliche Unfähigkeit zu lieben, die mit allgemeiner Lieblosigkeit verwechselt wird? Warum begeilen sich die deutschen Feuilletonisten an den Wunden der Dichter, anstatt nach Hilfe und Behandlung zu rufen? Ist die Handlungsunfähigkeit und Trostlosigkeit des Menschen tatsächlich das »einzig wahre« Lebensgefühl, ja die »Grundbefindlichkeit« schlechthin, wie ein Kritiker schreibt, der für solches Geschriebenes fünfhundert Mark kassiert und dem es beruflich vergönnt ist, ständig über die Existenz von Schriftstellerkollegen zu entscheiden? Ist die Faszination für den »handlungsunfähigen« und »untröstlich« gewordenen Menschen, von der die neueste deutsche Literatur und ihre Rezeption fast ausschließlich geprägt ist, nicht auch der hinterfotzige Freispruch für die eigene Lethargie?

Ich verstehe die Trauer, ich bin von ihr ja nicht ausgenommen. Aber es gibt keinen Menschen, der nur defekt ist, es gibt kein Leben, das nur hoffnungslos ist. Ich beharre auf einer Betrachtungsweise, in der das menschliche Ich, das geschundene und das Verantwortung tragende, einen Platz in dieser Welt hat. Ich lasse mir die menschliche Existenz nicht als eine unterschieben, in der die Frage nach dem Glück, die revolutionärste, die es überhaupt gibt, nicht mehr gestellt werden kann. Eine Literatur, die dem Menschen eine Welt zeigt, in der er nichts gewinnen, sondern nur verlieren kann, gebiert geradezu jene Schrecknisse, an deren Auswirkungen sie leidet.

Dies, meine Damen und Herren, war ein Versuch, ein ziemlich polemischer, in den Kreis menschlicher Überschaubarkeit, Faßbarkeit und Verantwortung zurückzuholen, was da ständig fortzulaufen droht. Was sollte ein Theatermensch wie ich, der die menschliche Figur liebt und von ihr lebt, auch anderes tun. Ich sehe sie so voller entsetzlicher und schöner Möglichkeiten, daß ich nichts von ihr hergeben will.

Nochmals: Ich danke Ihnen für diesen Preis, und ich danke Ihnen fürs Zuhören. (1981)

Wohnungssuche – alphabetisch

Am Anfang stand die Wohnungsnot. Wir lebten, drei Männer, zwei Frauen und zwei Kinder, in einem stabilen Gartenhäuschen am Stadtrand von Wien. Das Badezimmer lag hinter meinem Zimmer, weshalb jeder, der sich waschen wollte, durch meinen Raum ging. Drei Räume hatten keinen eigenen Eingang. Wir hatten, trotz der Enge, sehr schöne und lustige Situationen miteinander, aber es war fast unmöglich, einmal mit sich allein zu sein. An manchen Sonntagen kam das Ehepaar, welches uns das Haus vermietet hatte, zu Besuch. Der Mann blieb im Garten, wir setzten ihm Wein vor, er hatte einen Holzfuß, war aber in seiner Jugend Mitglied von Admira Wacker gewesen. Nach drei Vierteln schwärmte er uns von den goldenen Wiener Fußballzeiten vor, und daß er mit einzelnen Mitgliedern des Wunderteams gespielt habe und ob uns Sindelar und Nausch ein Begriff seien. Wir nickten nur und schenkten ihm nach. Die Frau kam aus dem Haus und machte ein Gesicht, als wäre sie gerade durch einen Dreckhaufen gewatet. Die jungen Leute sind in Ordnung, sagte ihr Mann, lauter Fußballer.

Bauen: Rund um uns herum wurde häuselgebaut. Polizisten, die sich am Wochenende mit der Gattin und den Schwiegereltern abrackerten, Tankwarte, die sich am Wochenende mit der Gattin und den Schwiegereltern abrackerten, Reifenhändler, die am Wochenende mit ihrer Gattin die jugoslawischen Arbeiter beim Abrackern beaufsichtigten. War eines der Häuser fertig, dann saß der jeweilige Polizist oder Tankwart oder Reifenhändler auf dem Balkon, zumeist in einer Hollywoodschaukel, und beobachtete seinen Nachbarn beim Abrackern. Oder er sah auf die Straße, über die sich an Wochenenden der Wiener Ausflugsverkehr schob, alles in Richtung Wienerwald. Der Wiener geht nämlich am Wochenende in den Wienerwald, und er erreicht ihn auf mehrere Arten. Im Opel Kapitän oder mit dem Fahrrad und umgehängtem Transistorradio, oder zu Fuß: in Bergschuhen, Stutzen, Knickerbocker, Anorak und mit umgeschnalltem Rucksack. Im Rucksack befindet sich eine rechteckige Aluminiumdose mit Luftlöchern. In der Aluminiumdose befinden sich belegte Brote, hartgekochte Eier, Radieschen und etwas Salz, welches in eine Papierserviette eingewickelt ist. In letzter Zeit sieht man immer weniger Rucksackmenschen und immer mehr Opel Kapitäne.

C: Beim Buchstaben C macht sich die Idee, die eingeladenen Autoren unter ein alphabetisches Kuratel zu stellen, sehr unangenehm bemerkbar. Zu C fällt mir nämlich nichts ein, höchstens Chemie, und dazu ist mir noch nie etwas eingefallen, weshalb ich schleunigst zu

D weitergehe. Die Idee, über den normalen Wohnungsmarkt zu einem größeren Haus zu kommen, gaben wir bald wieder auf. Die Preise für die Häuser mit sechs bis acht Zimmern und einem großen Gemeinschaftsraum waren irrsinnig hoch, und wir entsprachen auch in keiner Weise der Menschengattung, die sich die Vermieter als Mieter vorgestellt hatten: Diplomaten. Wenn ich an solchen Häusern vorbeikomme, lese ich immer die Namen, die auf den Türschildern oder bei den Garteneinfahrten stehen. Sie erinnern mich an die Namen von Wirtschaftsverbrechern und anderen Betrügern großen Stils, von denen ich öfter in der Zeitung lese. Kam ein Haus einmal wirklich billiger, dann kamen wir – als Nichtdiplomaten – als Wohngemeinschaft nicht in Frage.

Emil Buzik ist Inspizient an einem Wiener Theater. Ich hörte von einem Bekannten, daß er ein Haus, ungefähr zwanzig Kilometer von Wien entfernt, zu vermieten hätte, und besuchte ihn. Er wohnte ganz allein mit einem Beo, einer Art Star, in einer kleinen Gemeindewohnung in der Großfeldsiedlung. Die Großfeldsiedlung wird von allen Gesellschaftskritikern als die größte städtebauliche Schweinerei Wiens nach dem Zweiten Weltkrieg empfunden. Dort draußen, im ebenen Osten Wiens, bläst ständig der Wind, und da steht ein Hochhaus neben dem anderen, keine Geschäfte, keine Theater, keine Kinos, nichts. Diejenigen, die drinnen wohnen, beschweren sich kaum oder gar nicht. Emil ist schön, sagte der Beo mit krächzender Stimme. Buzik entkorkte einen Doppler Weißwein und deutete in Richtung Käfig. »Ein Trottel, der Vogel«, sagte er lachend und schenkte uns ein. Er hatte gar keine Lust, über das Haus zu reden, sondern sprach sofort über die Regierung und die Politiker im allgemeinen. Er sei zwar Sozialdemokrat, würde pünktlich seine Beiträge bezahlen, sonst hätte er ja die Wohnung nicht bekommen, aber im übrigen seien alle Schweine. Kaum seien sie oben, würden sie die Kleinen ausnehmen wie eine Weihnachtsgans. »Wenn beim Parlament a schwarze Fahne hängt und mi fragt einer, welcher Politiker is denn gstorben, dann sag i immer, mir is jeder recht.« Er lachte und schenkte nach. Ich wollte wissen, ob er nun ein Haus zu vermieten habe oder nicht. Natürlich, sagte er, aber noch sitze seine alte Tante drin, und deren Tod müsse er noch abwarten. Ich begann mitzutrinken, und irgendwie kamen wir im Laufe der Trinkerei auf die Seelenwanderung zu sprechen. Er stand beim Fenster, das Glas in der Hand, und stierte auf die Betonwüste vor seinem Fenster. »Das wichtigste ist«, sagte er mit stoischem Blick, »daß du dich das ganze Leben ruhig verhaltst, dann hast es im nächsten leichter.« Ich hielt das Ganze für eine Gaudi und machte Witze über die Seelenwanderung. Er fixierte mich mit betrunkenen Augen. »Karma kennt keinen Spaß«, sagte er ernst und trank sein Glas in einem Zug aus.

F ist Freiheit, und Freiheit ist Eigentum. Es gab endlose Diskussionen in der Wohngemeinschaft, wir hatten für alles eine Theorie. Warum es im Kapitalismus eine Wohnungsnot gibt, warum die Sozialdemokratie verkommt, warum Wohngemeinschaften diskriminiert werden, aber wir hatten kein Haus. Wir beschlossen, ein Haus zu kaufen. Jeder der fünf Erwachsenen sollte einen Teil erwerben und dafür einen Kredit aufnehmen. Ich besichtigte eine alte Villa an der westlichen Ausfahrt von Wien. Der Besitzer empfing mich in einem eiskalten, völlig leeren Raum der Villa, die Mauerecken waren voll Spinnweben. Er trug einen grauen Flanellanzug, eine Fliege, hielt einen Stock mit Silberknauf in der Hand, stellte sich als Hofrat und ehemaliger Leiter des Kabelevidenzbüros im Verkehrsministerium vor. Es war ihm sichtlich peinlich, über das Geld zu reden, und wir unterhielten uns über das Theater. Er kannte mich und meine Stücke nur dem Namen nach, da er als Burgtheaterabonnent nicht ins Volkstheater ging, wo meine Stücke gespielt wurden. Er nannte sich einen Beamten mit vaterländischer Überzeugung, der von Hitler zwangspensioniert wurde. Dieses Schicksal gibt es in Wien häufig: nationalbewußte Österreicher wurden nach dem Anschluß Österreichs ans Dritte Reich diskriminiert und verfolgt, weil sie nicht in das neue, großgermanische Bewußtsein paßten. Er zeigte mir das Haus. Der ganze erste Stock war verwüstet, der Verputz abgeschlagen, einzelne Mauern umgeworfen, ein einziger Schutthaufen. »Mein Herr Sohn wollte den Stock umbauen, aber er hat es vorgezogen, nach Amerika auszuwandern und mir diese Trümmer zurückzulassen«, sagte er und schaute auf einen Ziegelhaufen, »meine Frau ist mit ihm gegangen.« Zum Abschied gab er mir eine Visitenkarte. »Ich wohne in der Stadt«, sagte er. Auf der Karte waren eine Telefonnummer und eine Adresse am Wiedner Gürtel angegeben. Der Gürtel ist die lauteste Verkehrsgegend Wiens, dort können sich zwei Menschen nicht einmal mit Megaphon unterhalten. Ich habe das Haus, in dem er wohnte, später einmal zufällig gesehen: ein schäbiges, völlig desolates Mietshaus, vor dem die Gürtelhuren patrouillierten. In der Prostituiertenhierarchie Wiens stehen nur noch die Praterhuren unter den Gürtelhuren. Die Bank lehnte es ab, den Kauf der Hofratsvilla zu finanzieren. Das Objekt sei durch die Autobahnauffahrt und durch den desolaten ersten Stock völlig entwertet. Wir waren über diese Entscheidung eher froh als traurig. Die Vorstellung, zwanzig Jahre einen Kredit abzahlen und miteinander wohnen zu müssen, hatte in der Gruppe steigende Ängste und Spannungen ausgelöst.

Gedicht: Dieses Gedicht / widme ich allen Kindern / von häuselbauenden Kleinbürgern. / Ich möchte mich mit ihnen / vor einem Rohbau aufstellen / und so lange brüllen / bis alles herausbricht: / Die Kälte, die Hitze. / Das Ziegelschupfen und das Jausenholen. / Das Hohngelächter der Hilfsarbeiter / beim Umkippen der Scheibtruhe. / Die vergeblich wartenden Spielkameraden. / Die Übelkeit beim vierten Bier. / Die anerkennenden Blicke des Vaters / wenn man die doppelte Last schleppt. / Die ganze Trauer / über all die verlorenen / Samstage und Sonntage. / Dieses Gedicht / bleibt mir im Halse stecken / wenn ich daran denke / daß mein Vater / zwei Wochen nachdem das Haus fertig war / starb. / – Ich las dieses Gedicht in einer Fernsehsendung vor und bekam einen Brief. Eine Frau schrieb mir, ihr Mann sei Arbeiter gewesen, habe ein Haus gebaut und sei vor kurzem gestorben. Sie wollte mir das Haus verkaufen, zu einem lächerlich niedrigen Preis. Das Haus lag in einer Gegend hinter dem Wienerwald, wo sich Arbeiter kleinste Parzellen kaufen, um darauf ihren Lebenstraum zu realisieren. Der Garten, das Haus, die Räume waren von unbeschreiblicher Scheußlichkeit. Aus jedem Urlaub, von jeder Reise war irgend etwas Kitschiges mitgenommen worden, um hierher verpflanzt oder aufgestellt zu werden. Die Frau, eine kleine, rundliche, traurig dreinschauende Person, und ihre Tochter standen neben mir. »Das hier war dem Papa sein ein und alles«, sagte sie. Ich hatte nicht den Mut, ihr zu sagen, daß ich hier nie, nie wohnen wollte.

Kennen Sie den schon? Der Papst, Breschnjew und Kreisky sitzen in einem Boot und rudern über die Donau... Der sozialistische Funktionär, dem ich gegenübersaß, schaute mich lachend an. »Ja«, sagte ich, »aber ich habe gehört, daß die Gemeinde Wien alte, leerstehende Objekte hat und daß Sie uns weiterhelfen können.« Er schaute auf das Papier, das ich ihm vorgelegt hatte, und las den Titel: »Beschreibung eines interdisziplinären Wohn- und Arbeitsprojektes... Was ist das?« In der Tat hatte sich unsere Situation verändert. Wir hatten Kontakt mit einem Arzt, einem Bewährungshelfer und einer Handwerkergruppe aufgenommen und suchten eine alte Fabrik oder ein leerstehendes Haus, wo wir gemeinsam leben und arbeiten wollten. »Orgien wollts feiern«, sagte er lachend, »ich hab nichts dagegen, i bin ja net die Opposition.« Er griff zum Hörer und wählte eine Nummer. »Servus Vizebürgermeister, du, bei mir sitzt der Turrini... ja der.. der sucht für sich und seinen Harem a Haus. Das beste ist, ich schick ihn dir gleich rüber.« Ich saß dem Vizebürgermeister der Stadt Wien gegenüber, einem älteren, ernsten Mann. »Wie stellen Sie sich das vor?« fragte er, »soll Ihnen die Gemeinde Wien vielleicht ein Haus schenken?« – »Nein, wir wollen, daß uns die Gemeinde Wien ein altes Objekt vermietet, das wir auf eigene Kosten instandsetzen.« – »Wenn Sie etwas gefunden haben, dann bringen Sie es in Vorschlag.«

Landstraße: Hauptstraße im dritten Wiener Gemeindebezirk. Früher die Straße der Handwerker und Fuhrwerksleute, heute eine Einkaufs- und Bankenstraße. Sie ist der Beginn jenes Weges, der direkt zum Zentralfriedhof führt.

In einer Seitengasse dieser Straße fanden wir ein wunderschönes altes Mietshaus, sehr desolat, mit einem verwachsenen Garten. Es gehörte der Gemeinde Wien, war leer, nur in der ebenerdigen Wohnung lebte noch die Hausmeisterin. »Wir kommen von der Gemeinde Wien«, sagte ich. »Wegen dem Messing«, antwortete sie und kniff ihre Augen zusammen, »ich weiß.« – »Wieso Messing?« – »Es kommen ja immer Herrschaften, die sagen, sie sind von der Gemeinde Wien, und dann nehmen sie das Messing mit.« Wir besichtigten das Haus. An allen Türen fehlten die Messingbeschläge, von den Wasserleitungen waren die Messinghähne abgeschraubt. Wir brachten das Haus in Vorschlag und bekamen folgenden Bescheid: Das Objekt wurde bereits an eine private Wohnbaufirma verkauft. Der Name dieser Firma gehörte zu jenen, die in österreichischen Zeitungen ständig mit Betrügereien und Spekulationen in Verbindung gebracht werden.

Mauerbach: Das war die Gegend, wo wir und die Polizisten und die Reifenhändler wohnten. Dort lag, mitten im Wald, ein Kinderheim der Gemeinde Wien, von dem es hieß, daß es aufgelassen werden sollte. An der Umzäunung stand ein Mann mit Hunden. Ich stellte mich vor. »Ich kenne Sie«, sagte er, »Sie sind ein Südtiroler Herrgottsschnitzer.« Wir brachten das Haus in Vorschlag und bekamen den Bescheid, daß derzeit ein definitiver Bescheid leider nicht möglich sei.

Penzing: ein Wohnviertel in der Nähe vom Schloß Schönbrunn. Die Fenster des Hauses, das wir fanden, waren teilweise eingeschlagen. Der Rollbalken eines ebenerdigen Geschäftes war heruntergelassen. Darüber stand, kaum leserlich, Tabak-Trafik. Das Fenster neben dem Rollbalken hatte Gardinen und war sauber. Ich klopfte an das Fenster. Ein alter, einarmiger Mann öffnete das Fenster und schaute mich mißtrauisch an. »Wir kommen von der Gemeinde Wien und wollen fragen ...« Der Mann ballte die Faust und schrie: »Mich bringts ihr da nicht hinaus, i bin fünfundsiebzigprozent invalid, i hab den Pneumothorax, mei Kreislauf ist zweihundert zu hundertzwanzig, i bin nachweisbar nicht umzugsfähig.« Der Mann bekam einen Hustenanfall und setzte weinerlich fort: »Warum wollts ihr mich weghaben, i tu doch niemandem was, i rauch in Ruhe meinen Bestand auf, lang gibts mi eh nimmer.« Wir brachten das Haus nicht in Vorschlag.

Quappil oder die Bewahrung des Quappilschen Erbes: beim Heurigen, das ist jener Ort, wo die ausländischen Touristen so betrunken gemacht werden, daß sie sich für Wiener halten, bekam ich einen heißen Tip von einem Heurigenwirt. »Wennst ein Haus suchst«, sagte er, »dann mußt zur alten Quappil gehen. Der gehören die halben Weingärten von Grinzing bis Klosterneuburg.« Er gab mir eine Telefonnummer. Ich rief an. »Sie sind Künstler?« fragte mich eine zarte, ältere Frauenstimme, »ich bin auch Künstlerin.« Wir vereinbarten ein Treffen in ihrer Wohnung in der Hernalser Hauptstraße. Als ich zur angegebenen Adresse kam, hielt ich das Ganze für einen Irrtum. Von einem Wohnhaus war nichts zu sehen, nur eine ebenerdige, schäbige kleine Bar ohne Obergeschoß. In der Bar saßen ein paar Alkoholiker und Kartenspieler, aus der Musikbox dröhnte ein Schlager. Ich fragte die Kellnerin, ob sie zufällig eine gewisse Frau Quappil kenne. »Hinter der Theke, beim Klo vorbei, die Stiege hinauf«, sagte sie mürrisch. Ich ging hinauf und klopfte an eine Tür, mehr Verschlag als Tür. Eine alte Frau öffnete mir. Sie hatte Holzschuhe an, Baumwollsocken, einen zerschlissenen Mantel und lächelte mich mit einem jugendlichen und verschmitzten Gesicht an. Sie führte ihren Finger zum Mund. »Leise«, sagte sie mit hoher Stimme, »die Kunst erwartet Sie.« Sie führte mich in den Raum, ein ärmliches Mansardenzimmer ohne elektrisches Licht, ohne Heizung, die Wände waren voll mit alten Fotografien, in der Mitte stand ein Klavier. Sie setzte sich ans Klavier, spielte ein Schubertlied und sang dazu mit hoher Stimme. »Fremd bin ich eingezogen, fremd zieh ich wieder aus...« Von unten aus der Bar hörte man einen Schlager heraufdröhnen. Entweder ist die Alte verrückt, dachte ich, oder sie ist die Wiener Ausgabe von Howard Hughes, der sich trotz seines Reichtums auch immer in obskuren Zimmern versteckte. »Ihm verdanke ich alles«, sagte sie plötzlich und deutete auf eine Fotografie, die an der Wand hing. Das Foto stellte einen unglaublich dicken Menschen dar, mit aufgedunsenem Gesicht, eine Silberkette vor dem Bauch, hinter ihm ein Heurigenlokal. »Seit er von mir gegangen ist«, sagte sie, »bin ich die Bewahrerin des Quappilschen Erbes.« Sie nahm meine Hand und streichelte sie. »Für Sie kommt natürlich nur der Quappilsche Stammsitz in Frage.« Sie gab mir eine Adresse in den Weingärten von Klosterneuburg. Das Haus, der Quappilsche Stammsitz, war kleiner als unser Gartenhäuschen, völlig desolat, im Garten lagen Autowracks und Reifen. Aus dem Kamin kam Rauch. In der Tür stand eine Jugoslawin mit zwei Kindern am Arm und schaute verlegen zu mir her. »Quappil«, sagte ich, »kennen Sie Quappil?« Sie lächelte verlegen und hob ihre Schultern. Ich stand da und schaute sie an.

Rathaus: Im Rathaus sitzen die Roten. Sie verwalten diese Stadt, mit einigen Unterbrechungen, seit fast achtzig Jahren. Gegenüber dem Rathaus liegt das Burgtheater. Die Beamten beider Häuser können sich gegenseitig in die Stuben schauen.

Staatsoper: Unsere Phantasien vom gemeinsamen Leben und Arbeiten lösten sich mehr und mehr in Luft auf. Wenn wir sehr traurig oder sehr lustig waren, stellten wir uns die Staatsoper als zukünftiges Wohngemeinschaftshaus vor.

Die Künstlergraderoben hätten für viele von uns ausgereicht, und der Zuschauerraum wäre ein idealer Gemeinschaftsraum gewesen. Nur leider war und ist dieses Gebäude besetzt vom Wiener Großbürgertum und von den amerikanischen Touristen. Für jeden Hintern, der sich dort niederläßt, zahlen die Wiener viertausend Schilling Subvention, vielleicht nennt man deshalb Wien eine

Theaterstadt.

XY ist eine Verbrechersendung aus der Bundesrepublik, die von 650 000 Wienern gesehen wird.

Zum Abschluß: Wir leben heute alle getrennt. Jeder von uns lebt in einer anderen Gegend in und um Wien. (1981)

Heimat, deine Verrückten

Liebe Freunde!
Werter Herr Vizekanzler!
Es ist möglich, daß ich einige von Ihnen mit dem, was ich zu sagen habe, enttäuschen werde. Erstens sind meine Ausführungen in einigen Punkten ein Plagiat einer Rede, die ich vor genau einer Woche bei der Jahrestagung der Naturfreunde in Seefeld gehalten habe. Ich habe dort über ein paar Dinge gesprochen, die mir sehr am Herzen liegen. Natürlich haben sich innerhalb einer Woche weder die Dinge geändert noch mein Verhältnis zu ihnen. Zweitens – auch das könnte für einige ein Grund der Enttäuschung werden – möchte ich die Debatte über Heimat auf ein anderes Gleis führen. In der

Bundesrepublik Deutschland und ansatzweise auch in Österreich hat es unter Linken und anverwandten Geistern einen ziemlich festumrissenen Diskurs über den Begriff Heimat gegeben. Der Begriff, so hieß es, sei aus seiner reaktionären Verankerung zu lösen. Es solle ihm das falsche Gewicht der Volkstümelei genommen werden. Er sei mit demokratischen und wenn möglich sozialistischen Inhalten zu füllen. Das ist schön und gut, aber das kann doch nach elf Jahren sozialdemokratischer Regierung nicht mehr der Stand der Debatte sein. Wenn es in unserer Heimat nach wie vor reaktionär und undemokratisch zugeht, wenn im politischen, nicht im parteipolitischen, Sinne nach wie vor das Reaktionäre und das Bürgerliche so massiv herrschen, dann liegt das doch nicht an einer brillanten Opposition, sondern am Versagen der regierenden Sozialdemokratie. Und wenn Heimat als geographischer Ort mit seinem zersiedelten Land und seinen verwüsteten Städten immer abweisender erscheint, dann ist doch auch darüber zu reden, wer daran Schuld trägt. Ich habe meinem Aufsatz den Titel »Heimat, deine Verrückten« gegeben und möchte beim Präsidenten des Österreichischen Gewerkschaftsbundes beginnen. Der Präsident sagte im heimatlichen Rundfunk vor vierzehn Tagen: »Die Umverteilung von Gehältern bringe wenig, und Wirtschaftswachstum müsse es unter allen Umständen geben.« Er nannte alle, die nicht seiner Meinung sind, Irrationalisten: also Menschen ohne Ratio, Vernunftlose, Verrückte.

Er, der Nichtverrückte, ist dafür, daß es weiterhin Menschen gibt, die das Zehn-, Zwanzig- und Dreißigfache von dem verdienen, was der normale Arbeiter verdient, einschließlich seiner Tätigkeit als Pfuscher, was seine Arbeitszeit länger macht als die eines Generaldirektors. Er, der Rationalist, will, daß die Arbeiter das Denken den Gewerkschaftsfunktionären überlassen, die ihr Denken schon längst den Wirtschaftsmanagern überlassen haben. Schließlich sitzen ja alle in einem Boot, und man weiß ja, daß man sich bei Bootspartien näherkommt. Er, der Vernünftige, ist in logischer Fortführung seiner Anschauungen für die weitere Verpestung der Luft, für die Vergiftung der Flüsse, für die weitere Zerstörung der Natur, für, für, für … Ich brauche Ihnen diese Vision nicht auszumalen. Sie kennen sie, Sie fühlen sie, Sie riechen sie; diese Vision, die schon so wirklich ist, hat Besitz von uns selbst ergriffen. Sie frißt uns auf, macht uns krank, depressiv, müde, süchtig, ängstlich, isoliert.

Ein Kollege des Präsidenten, auch ein Präsident, auch ein Nichtverrückter, sitzt in Amerika und gibt nach der Devise »Man kann nie genug Overkill haben« 70 Milliarden Dollar für Rüstung aus. Er hat Angst vor den Russen, und Journalisten unserer heimatlichen Zeitungen, lauter Vernünftige, geben ihm recht. Der derzeitige Finanzminister hat in einem Anfall von Unvernunft etwas gegen die Rüstung gesagt. Die Kommentare in den Zeitungen, ich habe sie gesammelt, lauteten: Phantast, Irrationalist, Schwärmer, als Realpolitiker nicht tragbar, Wehrkraftzersetzer. Wie wahr. Unsere heimische Waffenindustrie, gemanagt und abgesegnet von Sozialdemokraten, will doch auch ihr Scherflein zum Overkill beitragen.

Was Sie jetzt hören, meine Damen und Herren, ist nicht etwa die Rede eines Verrückten, sondern der Originalton eines Professors für Chemie an der Hochschule für Bodenkultur in Wien, aufgezeichnet von einem seiner Studenten. »Nehmen wir an, eine Firmenleitung gibt Ihnen den Auftrag, den Kohlenmonoxydgehalt in einer Werkstätte zu messen. Es sind Fälle von Übelkeit und Erbrechen unter den Arbeitern vorgekommen, und eine Prüfung ist notwendig geworden. Sie führen die Prüfung durch, das Proberöhrchen verfärbt sich tatsächlich, der CO-Gehalt liegt über der erlaubten Höchstgrenze. Was machen Sie?« Frage des Professors an die Studenten. »Ganz einfach, Sie nehmen ein weniger empfindliches Proberöhrchen, das verfärbt sich weniger, der

CO-Gehalt liegt innerhalb der erlaubten Werte, und die Sache ist zur Zufriedenheit Ihrer Auftraggeber gelöst.«
Was hat das mit Heimat zu tun? Heimat ist doch nicht nur ein umstrittener Begriff in den Köpfen von Tagungsteilnehmern, ein abgestandener in den Köpfen von Trachtengrupplern, ein gefährlicher in den Köpfen der Kameradschaftsbündler, Heimat ist doch auch dort, wo Menschen acht oder mehr Stunden Arbeitszeit verbringen, in den Fabriken, in den Werkstätten, und dort stinkt es. Die somatischen und psychosomatischen Erkrankungen der österreichischen Arbeiter haben zugenommen, stark zugenommen, nicht abgenommen. Und der Herr von der Hochschule, den ich vorhin zitiert habe, ist nicht etwa verrückt, zynisch, gekauft, angepaßt. Er handelt nur vernünftig. Vernünftig im Sinne der Auftraggeber. Und die Auftraggeber handeln vernünftig im Sinne des Profits. Und der Profit, der ja bekanntlich keinen Kopf und kein Herz hat, handelt weder vernünftig noch unvernünftig, der ist notwendig. Der notwendige Profit der ausländischen Ölgesellschaften in Österreich betrug im Jahre 1979 etwas über 500 Millionen Schilling. Dieser Betrag ging größtenteils ins Ausland. Was blieb, sind beispielsweise 50 Tonnen Blei, die feinverteilt über unserem heimatlichen Wien schweben. Die wandern nicht ab. Die lagern sich ab, in den Knochen der Menschen, vorwiegend in denen der Kinder. Der neue Gesundheitsminister, ein Unvernünftiger, regt sich darüber auf und will den Bleigehalt des Benzins senken. Ich glaube, er wird zunächst etwas verlieren, seinen Mut oder seinen Job.
Zyklon B war bekanntlich das Gift, mit dem man in Konzentrationslagern Menschen umgebracht hat. Auf den Dosen dieses Giftes stand: Bei nicht sachgemäßer Anwendung kann seitens der Herstellerfirma keine Verantwortung übernommen werden. Die Österreichischen Stickstoffwerke in Linz bringen nicht nur eine Fußballmannschaft, sondern auch ein hochgiftiges Herbizid auf den Markt, mit dem

man ganze Kulturen ausrotten kann, nennen es Pflanzenschutzmittel und lassen einen Knaben mit einer Blume in der Hand von der Dose lächeln. Das ist nicht etwa Zynismus, Irreführung, Konsumentenbetrug, nein, das ist modernes Marketing.

Eine Strickereifirma in Tirol, die Firma Stapf in Wörgl, beschäftigt Frauen ausschließlich an den Strickmaschinen und die Männer an den Automaten. Die Arbeit an den Strickmaschinen erfordert große Geschicklichkeit und größte körperliche Anstrengung. Die Automaten müssen nur beaufsichtigt werden. Die Männer verdienen um ein Drittel mehr als die Frauen. Die Firmenleitung begründet dies mit dem natürlichen Unterschied zwischen Mann und Frau. Klingt doch vernünftig, oder?

Die Vernünftigen in unserer Heimat sind zahllos. Sie sitzen nicht nur in der Politik und in der Industrie. Fast alle Kinder, die im südsteirischen Bezirk Leibnitz die Volksschule besuchen, werden das, was ihre Väter sind, Hilfsarbeiter, Maurer. In dieser Gegend muß es nur Talentlose geben. Aber es gibt Ausnahmen. Die Kinder der Gastwirte, der Beamten, der Großbauern. Die werden etwas Besseres. Ein Vertreter der dortigen Schulbehörde kommentierte den Versuch, dies aufzuzeigen und vielleicht zu ändern, mit dem Satz: »Man kann die Chancengleichheit auch übertreiben.« Auch ein Nichtverrückter.

Über die Nichtverrückten im Wiener Rathaus möchte ich nichts sagen. Man darf nicht immer nur das Schlechte sehen. Die Gaunereien beim Bau des Allgemeinen Krankenhauses, die Versteinerung der Stadt, die ständige Erhöhung der Straßenbahntarife, all diese Dinge. Schließlich hat sich nun der Stadtrat Schieder mit Anzug und Krawatte bäuchlings auf den Rasen des Votivparkes gelegt und erklärt, er sei ein Grüner. Nein, man muß auch das Gute, den Wiener Rathauspark, sehen. Dort treffen sich nämlich mit Einbruch der Dunkelheit die Homosexuellen. Dort wird allnächtlich geliebt und geschleckt, sogar zum Nulltarif, weil man ja in der Dunkelheit schwerlich Bargeschäfte machen kann. Das alles mit freundlicher Duldung der Wiener Rathauspolitiker.

Wenn unsere Wirklichkeit von Verrückten bestimmt wird, was bestimmt in Wirklichkeit die Verrückten? Der Sachzwang natürlich. An meinen bisherigen Ausführungen werden Sie gemerkt haben, daß ich ein ziemlich naiver Mensch bin. Ich mache mir ein Bild vom sogenannten Sachzwang. Ein politisch Verantwortlicher betritt ein Büro, um eine noch höhere politische Verantwortung zu übernehmen. In den Schränken, in den Akten, in den Statistiken, überall lauert der Sachzwang, befällt, kaum daß ein Schrank geöffnet, ein Akt studiert, eine Statistik gelesen wird, den Verantwortlichen. Ein Herr von der Wirtschaft besucht den Verantwortlichen, öffnet seinen Diplomatenkoffer, und schon springt der Sachzwang heraus und in die Tasche des Verantwortlichen. Der so vom Sachzwang befallene Verantwortliche verändert sich. Seine Augen werden stumpf, seine Rede öde und vorsichtig, seine Haare kurz, sein Hemdkragen enger, alles an ihm wird auf eine traurige Weise funktionell. Das Endprodukt dieses sachgezwängten Menschen, der wirkliche Experte und echte Politiker, ist allabendlich auf dem Fernsehschirm zu bewundern. Eine adrette, nette, emotionelle Wüste voller Zuständigkeit.

Niemand glaubt den Zuständigen wirklich. Niemand kämpft ehrlich mit ihnen. Der 1. Mai, der den Regierenden das Gegenteil zu bezeugen hätte, ist ein lästiges Familientreffen, an dem nur noch die Alten hängen. Wahlen sind Kirchgänge ohne Glauben, liturgische Rituale zur Aufrechterhaltung der formalen Demokratie. Eiferer spenden zwischendurch für die Jungschar in Äthiopien oder für El Salvador. Wer einer Partei beitritt, sucht seinen Vorteil oder einen Job, oder eine Wohnung. Man sollte die Formulare ändern und gleich daraufschreiben, was man will. Es gibt kein gemeinsames Ziel, keine verbindende Anstrengung, keine Vision, die den Menschen Mut und Kraft gibt, keine Lücke, in die die menschliche Phantasie eindringen kann, keinen Platz der Lust und der Wildnis, alles scheint geplant, geordnet, berechnet, notwendig, aufgeteilt. Im Jahre 1954 haben die Naturfreunde, eine sozialistische Organisation, zum ersten Mal die Forderung aufgestellt: »Stopp der Seeuferverbauung, öffentliche Zugangsmöglichkeiten zu allen österreichischen Badeseen.« Damals waren die Naturfreunde ein kleiner Verein und ich elf Jahre. Und ich erinnere mich, daß man an vielen Stellen des Wörther Sees noch wild baden konnte. Heute sind die sozialistischen Naturfreunde eine mächtige Organisation, und der Wörther See gehört deutschen Industriellen. Das Strandbad, die letzte Bademöglichkeit für Nichtindustrielle, hißt an heißen Vormittagen um zehn Uhr die gelbe Flagge. Die Heimat ist enger geworden, besonders für Nichtmillionäre.

Die Antwort auf den Verfall alles Öffentlichen und Gemeinsamen ist die Flucht ins Private. Es scheint, als wäre in unserem Land eine Hetzjagd angebrochen, als wäre die letzte Möglichkeit gegeben, noch etwas zu ergattern. Die Arbeiter und Kleinbauern flüchten aus ihren oft engen oder nassen Wohnungen ins Häuslbauen. Zerstören die Umgebung der Städte und Dörfer, rackern sich Jahre für die Vorstellung ab, daß es ihren Kindern einmal besser gehen wird. Die Kinder aber lernen nur die Müdigkeit und nie die Zärtlichkeit der Eltern kennen.

Tausende flüchten jedes Wochenende aus den versteinerten und grünlosen Städten. Eine benzinstinkende Schlange wälzt sich über die Straßen bis zu den zugewiesenen Reservaten und zerstört auf dem Weg dorthin die Erholungsmöglichkeit derer, die neben den Straßen wohnen. In den sogenannten Erholungsgebieten werden sie an die Lifte geschnallt, in gleichen Abständen, wie Werkstücke am Fließband. Alles ist industriell, auch die Erholung.

Die Reichen flüchten nicht. Sie brauchen nicht mehr zu

flüchten. Sie sitzen in den grünsten Gegenden der Städte in ihren Gärten und Villen, verbarrikadiert hinter Einfriedungen und Gegensprechanlagen, und mokieren sich über die Plebs, die da allwöchentlich zur Stadtflucht schreitet und nach Erholung schreit.

Auch ich flüchte. Vor einigen Jahren suchten meine Freunde und ich ein größeres Haus. Wir wollten zusammenleben, miteinander arbeiten, wir hatten sogar die Idee einer gemeinsamen Sexualität und der gemeinsamen Ökonomie. Die Häuser, die wir fanden, waren unverschämt teuer, und wir entsprachen keineswegs der Menschengattung, die sich die Vermieter vorgestellt hatten, nämlich Diplomaten. Wir versuchten es bei der Gemeinde Wien. Wir wollten ein altes Haus mieten und es auf eigene Kosten renovieren. Wir fanden auch solche Häuser, aber die waren entweder schon an irgendeine Gesellschaft verkauft oder sollten demnächst abgerissen werden, um einer Stadtautobahn Platz zu machen.

Heute lebe ich, sooft ich kann, im Waldviertel, in einem kleinen Haus mitten im Wald. Das Haus gehört einem Arzt, der als Tropenmediziner nach Afrika gegangen ist. Ich bin auf dem Lande aufgewachsen, und mein Verhältnis zur Natur war immer ein gleichgültiges, selbstverständliches. Mit siebzehn Jahren träumte ich von verrauchten Wiener Kaffeehäusern, in denen man nach meiner damaligen Vorstellung ausschließlich über den Sinn des Lebens diskutiert. Wenn ich heute in das Dorf meiner Kindheit und Jugend zurückkehre, in die Heimat, dann sehe ich Asphalt auf unserem Spielplatz, Eigentumswohnungen am Waldrand, in denen die besseren Leute aus Klagenfurt wohnen, Zäune, die die Wiesen teilen, einen Schilift am Dorfhang, der Dorfteich ist privat, die Sitzbänke sind abwaschbar, und seit einigen Jahren gibt es einen örtlichen Verschönerungsverein. Mein Verhältnis zur Natur ist kein selbstverständliches mehr, wie früher. Sie erscheint mir als etwas Wertvolles, Schützenswertes, Bedrohtes. Mein Freund, ein Waldviertler Förster,

erzählte mir, daß in dem Bach vor dem Haus früher Krebse waren. Die gehen als erste an dem verschmutzten Wasser zugrunde, sagte er. Es gibt immer weniger Fischarten. Die Forellen und Äschen sind oft verpilzt. Alles wird weniger. Die Pflanzenwelt verarmt, die Tannen und die Kiefern sterben, der Birkhahn verschwindet, Auerhähne gibt es fast keine mehr. 1960 hat es bei uns im Waldviertel begonnen, sagte er. Er war von 1947 bis 1974 im Wald. Dann haben sie ihn ins Forstbüro nach Weitra versetzt. Ich sitze oft lange vor dem Haus und höre den Geräuschen der Natur zu, als hätte ich Angst, sie könnten plötzlich aufhören.
Die Verantwortlichen flüchten. Ich habe voriges Jahr in Griechenland am Strand einen bärtigen Mann getroffen, er hat ausgesehen wie ein Althippie, ein sympathischer Mensch. Wir hatten ein gutes Gespräch, und ich fragte ihn nach seinem Beruf. Ich tippte auf ausgestiegener Philosophieprofessor. Er sei Public-Relations-Manager bei Siemens, sagte er, zögernd und entschuldigend, zuständig für die Propagierung von Atomkraftwerken. Ich müsse ihn verstehen, er müsse auch von etwas leben. Er erzählte mir von hochqualifizierten Ingenieuren, die an der Entwicklung der Atomkraft arbeiten, ihre Kinder auf Waldorf-Schulen schicken, makrobiotisch leben, eigenes Gemüse züchten, den Sinn ihrer Arbeit nicht mehr sehen. Schizophrene, in deren Köpfen zwei Welten leben, eine öffentliche und eine private. Ich frage mich, wie viele unserer Politiker und Manager an derselben Krankheit leiden, ein öffentliches und ein privates Bewußtsein haben, anders handeln, als sie reden.
Ich möchte jetzt von jenen reden, die nicht flüchten können oder wollen, den Gastarbeitern, den Kindern, den Jugendlichen und den sogenannten Verrückten.
Die Flucht der Gastarbeiter ist nur ein Fluchtversuch, er endet in den großen Hallen der Bahnhöfe, Ausdruck der Sehnsucht, irgendwann wieder wegzukommen. Jeden Sonn-

tag nachmittag stehen sie da unter Polizeiaufsicht und kehren abends wieder in die Keller- und Parterrelöcher zurück, die sie zu überhöhten Preisen mieten dürfen. Ich habe nie verstanden, warum man diese Türken, Griechen, Jugoslawen Gastarbeiter nennt. Wie Gäste behandeln wir sie nicht, eher wie eine reduzierte Portion Mensch, ohne Achtung und mit verkürzter Sprache. Ein paar Jahre noch, dann wird es von den Kindern dieser ausländischen Arbeiter, die hier aufgewachsen sind, Bücher geben, eine Literatur geben. Es werden Ghettoberichte sein.
Die Kinder leiden am meisten unter der Flucht ins Private. Wenn ich in Wien bin, lebe ich in einem alten Zinshaus und beobachte, wie die Kinder zu Mittag aus der Schule kommen, in den Wohnungen verschwinden und erst am nächsten Morgen wieder herauskommen. Am Wochenende sind sie an die Stadtflucht ihrer Eltern geschmiedet, an die Art der Eltern, die Freizeit zu verbringen.
Auch die Kinder der Reichen, großgehätschelt in den eingemauerten Villengärten, sind nicht glücklicher. Kinder wollen zu Kindern, ehe sie von ihren isolierten Eltern lernen, daß die Welt feindlich und der Nächste dein Feind ist.
In Zürich, heißt es, in Berlin, ja sogar in Wien randalieren die Jugendlichen. Erklären der Gesellschaft den Krieg. Sie erklären keinen, sie beantworten einen. Diese Gesellschaft hat der Jugend den Krieg erklärt. Mit einer ganz neuen Armee von Managergenerälen und Funktionärsobersten. Eine kalte und versteinerte Welt, aus der die Jungen nicht flüchten können, weil sie nicht das Geld und die Möglichkeit oder die Kaltschnäuzigkeit haben, sondern die Sehnsucht nach etwas anderem. Und wenn aus der Sehnsucht nicht nur laute Musik, schnelle Mopeds oder Drogenkonsum wird, sondern Widerstand, dann treten die Manager und Funktionäre zurück, und hinter ihnen erscheint die Armee der Polizei. Ich hoffe, die Jungen wehren sich noch viel mehr, schreien noch viel lauter.

Auch in den Köpfen der sogenannten Verrückten ist Geschrei.
Verrückt ist das Gegenteil von normal. Und normal ist die Fähigkeit, alles Anormale zu vertragen, alles Entsetzliche zu schlucken, alles Unmenschliche zu verdrängen. Es gibt Menschen, die können es nicht, wie ein junger Freund von mir, der in der Straßenbahn immer verzerrte und verhetzte Gesichter sieht. Diese Menschen können nicht fliehen. Nicht in das Geld, nicht in den Beruf, nicht in die Freizeit. Es fehlt ihnen nichts, außer der Fähigkeit, sich zeitgemäß zu verhalten.
Ich habe Ihnen den Zustand einer Heimat geschildert, wie ich sie sehe und empfinde. Ich habe nicht von meinem Optimismus gesprochen; was ich davon noch habe, brauche ich für mich und will es nicht mehr öffentlich hergeben. Ich habe keine Lösungsvorschläge gemacht, weil ich es satt habe, einer schlechten Gesellschaft gute Ratschläge zu erteilen. Seit mehr als zehn Jahren regiert in diesem Lande die Sozialdemokratie, und da sie dem Kapital und damit dem ungehinderten Wachstum freundlich zugeneigt ist, haben wir immer mehr Habende und immer mehr Habenichtse. In der Zweiten Österreichischen Republik ist der soziale und sozialdemokratisch geführte Wohnbau zu Betonkäfigen verkommen. Ausgenommen die Siedlung in der Maygasse in Hietzing. Aber in der wohnen nur bessere Sozialisten, und die Architekten wohnen auf jeden Fall in Villen. Die Kulturbudgets, die wir haben oder von denen einige fast alles haben, sind astronomisch. Aber ein selbstverwaltetes Jugendzentrum ist polizeiwidrig. Der Österreichische Gewerkschaftsbund, die mächtigste Organisation im Lande, ist laut eigener Satzung eine Kulturbewegung, was sich vor allem in der Vermittlung von Freikarten für Operettenaufführungen ausdrückt. Die Einkommensunterschiede zwischen Männern und Frauen für vergleichbare Arbeiten haben seit den zwanziger Jahren zugenommen, nicht abge-

nommen. Aber noch nie hatten wir eine sozialdemokratische Regierung, die sich so vehement für die Frauen einsetzt. In zwei Statistiken sind wir international führend. Wir haben die geringste Anzahl von Streiks und die höchste Anzahl von Selbstmorden. Wir sollten nicht nur die Lösung von Lohnkonflikten, sondern auch die von Lebens- und Liebeskonflikten den Funktionären der Sozialpartnerschaft übertragen. Ein letztes globales Beispiel. Zwischen 1970 und 1980 gab es doppelt so viele Abrüstungskonferenzen wie in den zehn Jahren vorher. Aber auf jeden Menschen dieser Erde, Frau, Kind, Mann, kommen heute drei Tonnen hochexplosiven Sprengstoffs, der sofort gezündet werden kann. Was soll ich zu alldem sagen? Ernst Bloch definiert Heimat als einen nicht entfremdeten und demokratischen Ort, worin noch niemand war. Meine Verbitterung und meine Verzweiflung haben einen einfachen, naiven Grund. Ich will unbedingt dorthin. Jetzt möchte ich, bevor ich Schluß mache, noch kurz etwas außer Programm sagen, weil auch der Herr Minister Sinowatz hier sitzt. Mein Freund Janko Messner, ein slowenischer Schriftsteller, hat mir diese slowenische Kulturzeitschrift »Mladje« gegeben, sie wird von Florian Lipus geleitet, und Janko Messner arbeitet mit. Dies ist die einzige Zeitung und die einzige Publikationsmöglichkeit der slowenischen Literatur in Kärnten, und sie erscheint zweisprachig. Jetzt ist vor einem Monat die Trauernummer dieser Zeitung erschienen, weil die Slowenen keinen Groschen Geld mehr haben, um ihre Literatur weiterhin publizieren zu können. Ich möchte die Gelegenheit benutzen, Sie, Herr Vizekanzler, zu bitten, den Slowenen in dieser Frage zu helfen. Ich danke fürs Zuhören. (1981)

Friedensfest

Liebe Freunde!
Wie ihr ja wißt, wollen alle den Frieden. Es gibt nur noch ein paar unterschiedliche Auffassungen über den Weg, wie der Friede zu erreichen sei. Diejenigen, die ihn finden sollen, die sogenannten Sicherheitsexperten der Regierungen, befinden sich ja schon seit einiger Zeit massiv auf der Suche. Von 1970 bis heute haben auf dieser Welt doppelt so viele Abrüstungskonferenzen stattgefunden wie jemals zuvor. Im selben Zeitraum haben sich die Waffenarsenale auf dieser Welt um das Achtfache vermehrt. Eines aber ist ihnen gelungen, sie haben das Grauen aus ihren Reden entfernt, sie haben ihre Sätze und Worte versachlicht und verniedlicht, sie teilen ihre Mordwaffen in Mittel- und Langstreckenraketen ein, als ginge es um ein sportliches Wettschießen, sie sprechen, wenn sie die massenhafte Tötung von Menschen kalkulieren, von einem Szenario, wie die Regisseure eines Stadttheaters, sie fordern eine verstärkte Kapazität des Erstschlages, als ginge es um die Watschenkraft eines steirischen Wirtshausraufers.

Ich habe ja eine etwas naive Vorstellung vom Leben dieser Sicherheitsexperten. Dauernd hasten sie von einer Abrüstungskonferenz zur anderen, und wenn sie schon einmal ein bißchen Zeit haben, dann sitzen sie im Vorstand von General Electric. Das ist doch kein Leben! Vielleicht müssen sie deshalb ab und zu eine Pershing steigen lassen, weil sich sonst nichts mehr regt, und vielleicht ist der Nato-Doppelbeschluß, ein bißchen abrüsten, ein bißchen aufrüsten, ihr neuestes Aphrodisiakum?

Aber die Regierungen ihrer Länder, die wollen doch den Frieden. Herr Begin will den Frieden für Galiläa, Herr Weinberger möchte den Frieden für Heidelberg und Mitteleuropa, und auch die polnischen Generäle wären froh, wenn die Solidarität endlich einen Frieden geben täte. Wer den Frieden will, muß abbauen, und das machen sie auch. Sie bauen die Freiheitsrechte ab, die Arbeitsplätze, die Sozialetats, die Kulturetats und erhalten den Frieden durch »militärische Abschreckung«. Dieser verschreckte Friede kommt eben teuer: er kostet vielen Menschen das Leben, den Arbeitsplatz, die Zukunft, eine menschenwürdige Existenz.

Die großen Konzerne, Steigbügelhalter der Regierungen, wollen Frieden und Wohlfahrt für die Menschen. Ihre Strategen nennen sich Marketing Manager und Medienexperten, sie planen einen Menschen nach ihrem Ebenbild. Sie zerstören die gewachsene Erscheinung von Regionen und Ländern, bis sich alles gleicht, wie eine Coca-Cola-Flasche der anderen.

Ich habe das Gefühl, Freunde, daß wir manchmal zu ausschließlich auf den atomaren Wahnsinn starren und nicht merken oder merken wollen, welche Gewalt sich da täglich mehr und mehr ausbreitet. In Österreich plant man die Einführung des privaten Fernsehens, die vollständige Verkabelung der Haushalte, den Anschluß an internationale Fernsehsatelliten, der Empfang von zehn, zwanzig, dreißig, vierzig Fernsehprogrammen wird immer möglicher. Der menschliche Kopf droht ein Kriegsschauplatz zu werden, in den die wöchentlichen Dallas-Bomben ihre Krater reißen, ein Trümmerfeld, in dem alle drei Minuten die Werbezwerge piepsen, keine Erinnerung mehr stattfindet, weil die mediale Flut von heute den Gedanken von gestern völlig wegschwemmt.

Damit die Mächtigen und ihre Speichellecker in den Medien verstehen, was diese Friedensbewegung bewegt, was sie im Innersten zusammenhält: Wir haben genug von den Experten des Friedens und der Wohlfahrt, sie haben alle ihre Versprechen ins Gegenteil verkehrt, ihre angestrengten Gesichter, ihre Sachlichkeit, die den Massenmord, die Zerstörung dieser Welt zu einem kalkulierbaren Faktor gemacht hat, widert uns an. Sie sollen nach Hause gehen, in den Spiegel schauen und weinen. Sie sind entlassen. (1982)

Karl Marx

Herrn Dr. jur. Karl Marx
Friedhof Highgate
Sektion B
Grab 116
LONDON

Lieber Karli,
zu Deinem 100. Geburtstag wünsche ich Dir alles Liebe und Gute. Leider muß ich Dir mitteilen, daß die nach Dir benannte politische Theorie, der sogenannte »Marxismus«, inzwischen längst widerlegt ist. Namhafte Kommentatoren namhafter österreichischer Zeitungen haben Dich allein im letzten Monat siebzehnmal widerlegt. Das »profil« dreimal, die »Neue Kronen Zeitung« fünfmal und die »Presse« gar neunmal.
Zu Recht, denn Du hast Dich auf der ganzen Linie geirrt. Allein Deine Theorie von der zunehmenden Verelendung der Arbeiterklassen ist völlig falsch. In Wirklichkeit geht es den Arbeitern immer besser, sie arbeiten immer weniger, viele von ihnen arbeiten überhaupt nicht mehr, zum Beispiel die Stahlarbeiter in Detroit. Oder Deine Vorstellung von der Unversöhnbarkeit der Arbeiterklasse mit der Ausbeuterklasse: ein einziger Irrtum. Die sitzen längst alle in

einem Boot und kommen sich, wie das bei Bootspartien so üblich ist, immer näher und näher.
Take it easy, Karli!
Dein Peter Turrini (1983)

Schulaufsatz zum 10. Oktober

Am 10. Oktober ist der Tag, wo der Adolf Hitler die Juden und die Slowenen aus unserem Kärntner Heimatland hinausgehaut hat. Die Juden haben sich selber in einen großen Ofen gesteckt, aber einige von die Slowenen haben sich als Partisanen in die Berge versteckt. Die tun sich jetzt dort so vermehren wie den Sepp seine Hasen und deshalb brauchen wir jetzt bald wieder einen Hitler, sagt unser Herr Lehrer. Am 10. Oktober ist der Tag, wo der Vati mit andere Vati im Gasthaus sitzt und das ganze Wirtschaftsgeld von der Mama ist weg. Dann schreien sie immer Heil Hitler – drei Liter. Am 10. Oktober ist der Tag, wo alle Erwachsenen einen Satz aufsagen müssen. Damit sie nichts Neues auswendiglernen müssen, nehmen sie immer den gleichen Satz, Kärnten frei und ungeteilt. In der Früh sagt der Herr Landeshauptmann den Satz im Radio auf, dann sagt der Herr Bürgermeister auf, dann sagt der Herr Schuldirektor auf, dann sagt der Herr Feuerwehrhauptmann auf und dann sagt unser Herr Religionspfarrer auf bei der Feldmesse. Wer am lautesten aufsagt, kriegt einen Orden. Der Janko-Opa sagt nichts auf, weil den sperrt der Vati immer in den Keller, am 10. Oktober. (1983)

Provinz

Meine Damen und Herren! Liebe Freunde!
Der Begriff der Provinz, der weithin gehandhabte, ist ein bösartiger. Er unterstellt, besonders in seiner eigenschaftswörtlichen Form, daß hier in der Provinz alles kleiner, schlechter und enger, eben provinzieller sei. Jemand, der in solchen Verhältnissen lebe, stamme aus »tiefster Provinz«, jemand, der über solche Verhältnisse schreibe, produziere »provinzielle« Literatur.
Diese Methode, menschliches Leben und Empfinden bis zur Unkenntlichkeit hinter der Sprache zu verstecken, wird immer bösartiger. Hier bei Ihnen ist die Rede von Strukturbereinigung, als sei das Ergebnis solchen Tuns etwas Reinigendes oder gar Reines. Das Gegenteil ist der Fall. Es sind zumeist schmutzige Methoden, ausgeheckt in jenen Metropolen, die mit so viel Herablassung von der Provinz sprechen, mit ständig gleichem Ergebnis. Die Zeche hat der kleine Mann zu bezahlen. Oder nehmen Sie das Wort »freisetzen«. Was ist das wohl für eine Freiheit, in die jemand gesetzt wird, den man gerade freigesetzt hat.
Obwohl es mich reizt, über den ökonomischen Aspekt in der Provinz zu schreiben, werde ich mich auf den literarischen beschränken. Tatsächlich war die Literatur der Ersten Republik vorwiegend eine nichtprovinzielle, sie hatte zumeist ein städtisches Ursprungszeugnis. Ihre Exponenten, ich nenne hier etwas willkürlich zwei von ihnen, Schnitzler und Wildgans, empfanden sich als Teile des urbanen Bürgertums, ihre Literatur war eine im besten Sinne bürgerliche. Das Bürgertum hat aber nie besondere Freude an seinen eigenen, dichtenden Sprößlingen gehabt, weshalb man in der Zweiten Republik alles, was aus dem Bürgertum kam und nach dichterischem Talent aussah, in die Ministerien, besonders in die Kulturverwaltung steckte.

Herausgekommen ist der dichtende Ministerialrat und der musisch dilettierende Intendant. Es werden Ihnen solche Exemplare schon untergekommen sein.

Etwas aber war neu in dieser Zweiten Österreichischen Republik. Mehr und mehr Kinder von Bauern, Arbeitern und Kleinbürgern aus der Provinz, verwundet von postfaschistischen Erscheinungen und ständigen »Strukturbereinigungen«, griffen zur Feder. Schauen Sie sich doch einmal die Lebensläufe der neuen österreichischen Dichtergeneration an. Mit wenigen Ausnahmen stammen sie vom Lande oder aus Kleinstädten, sind dort verwurzelt und entwurzelt worden, geben Nachrichten aus der Provinz, von der sie, auch wenn sie sich räumlich entfernt haben, ein Leben lang nicht loskommen. Man könnte sie als späte Kinder Peter Roseggers bezeichnen, als verzweifelte und wütend gewordene Heimatdichter. Wenn Metropolen diese Literatur aus der Provinz so oft und so herablassend als provinzielle Literatur titulieren, so erscheint mir dies auch als Rache der impotenten Stadt an der kreativ gewordenen Provinz.

Ich möchte jetzt, schon aus polemischer Lust, diesen herablassenden Umgang mit Provinz und provinzieller Literatur auf den Kopf stellen. Ich behaupte, daß das Wahre und Wahrhaftige in der sogenannten »provinziellen Literatur« viel besser und viel genauer zum Ausdruck kommt als in einer, die sich die Welt schlechthin zum Gegenstand ihrer Betrachtung gemacht hat. Wer Lokales, Regionales, Provinzielles beschreibt, ist zwar nicht unbedingt der literarischen Form, aber dem literarischen Inhalt, dem menschlichen Schicksal näher. Und noch etwas: Vieles von dem, was sich im Laufe der Zeit zur Weltliteratur gemausert hat, hat als literarische Nachricht aus der Provinz begonnen.

Was ist der hagere Don Quichotte, um ein willkürliches Beispiel zu nehmen, anderes als ein spanischer Provinzler, an dessen Verrücktheit sich eine ganze Provinz, ein ganzes Land, ja die Welt zu erkennen gibt. Wer in der Literatur die

ganze Welt einfangen will, landet oft im unverbindlichen Nichts. Wer sich mit der Provinz, mit dem, was ihn unmittelbar umgibt, begnügt, dem gelingt oft, bewußt oder unbewußt, ein Beispiel, eine Parabel für menschliches Dasein schlechthin.
Meine Damen und Herren, liebe Freunde. Ich habe als Juror bei diesem Literaturpreis mitgemacht, weil ich gehofft habe, weniger provinzielle Literatur als vielmehr Literatur aus der Provinz zum Lesen zu bekommen. Sie haben mich nicht enttäuscht, und ich möchte mich bei allen Mitmachern, im besonderen bei den Preisträgern herzlich bedanken. Bedanken möchte ich mich auch bei den Stadtvätern, die diesen Literaturpreis ins Leben gerufen haben, kann mir aber eine Bemerkung an ihre Adresse nicht verkneifen: Wenn Sie Ihre Literaturpreise weiterhin so klein halten, dann sitzen Sie selbst jenen Vorstellungen auf, die sich andere von Ihnen als Provinz machen. Ich weiß, die Stadt hat wenig Geld, aber jeder Kegelklub gibt bei einer einzigen Saufpartie mehr Geld aus, als Sie für einen Literaturpreis. Ich bitte Sie also um mehr Selbstbewußtsein Ihrer Literatur gegenüber und danke Ihnen allen fürs Zuhören. (1983)

Slowenische Literatur

Meine Damen und Herren!
Liebe Freunde!
In einem seiner Aufsätze hat der slowenische Schriftsteller Florjan Lipus vom »stillen und lauten Terror« gesprochen, unter dem ein Slowene in Kärnten lebt. Ich muß etwas zu diesem stillen und lauten Terror sagen, weil die slowenische

Literatur in Kärnten nicht zu trennen ist von der Situation, in der die slowenische Minderheit in Kärnten lebte und lebt.
Diese Minderheit war ursprünglich eine Mehrheit. Kärnten, besonders der südliche Teil davon, war vom Mittelalter an mehrheitlich slowenisch bevölkert, wofür es zahlreiche literarische Belege gibt, vor allem bäuerliche Erbauungsliteratur christlicher Prägung. Ich möchte mich nicht bei der Frage aufhalten, welchem Assimilationsdruck die Kärntner Slowenen in der österreichisch-ungarischen Monarchie ausgesetzt waren, denn zu dem, was nach dem Plebiszit von 1920 auf die Kärntner Slowenen hereinbrach, war er vergleichsweise gering.
Im Jahre 1920 wurden die Kärntner Slowenen im Rahmen einer Volksabstimmung vor die Alternative gestellt, für eine Beibehaltung der bestehenden Grenzen und damit für einen Verbleib im damaligen Österreich zu votieren oder für eine Abtretung Südkärntens an Jugoslawien. Man muß die damalige Situation kennen, um zu verstehen, warum eine Mehrheit, wenn auch eine sehr geringe, für einen Verbleib Kärntens bei Österreich stimmte. Das damalige Jugoslawien war ein Königreich reaktionärster Prägung, Österreich ein Staat, in dem die revolutionäre Aufbruchsstimmung einer gerade zur Macht gekommenen Sozialdemokratie vorherrschte. Und dazu hat man den Slowenen vor diesem Plebiszit die völlige Wahrung, ja Stärkung ihrer politischen und kulturellen Identität zugesagt.
Entgegen der historisch etablierten Meinung, der »laute Terror« gegen die slowenische Minderheit habe erst mit dem Faschismus eingesetzt, brach dieser schon kurz nach dem Plebiszit von 1920 aus. Natürlich hatte er noch nicht die organisatorische Großzügigkeit beim Vernichten von Menschen, wie sie der Faschismus praktizierte, aber »physisch« und »laut« war er auch. Es wurde eine ganze Reihe von Attentaten auf slowenische Intellektuelle verübt, vor allem auf

Geistliche, die zu Trägern der »nationalen Identität« wurden. Die bekanntesten Opfer waren Limpl und Poljanec.
Die Slowenen in Kärnten standen wieder einmal vor einer Entscheidung: entweder schlechte Slowenen zu bleiben und damit bis zur körperlichen Ausrottung bedroht zu sein, oder gute Deutsche zu werden. Da man aber aus Menschen, die slowenische Namen tragen und Slowenisch sprechen, nicht von heute auf morgen gute Deutsche machen kann, wurde ihnen von Politikern, Professoren, Sprachforschern eine Überbrückungshilfe angeboten: das Windische, eine sprachliche Mixtur aus slowenischen und deutschen Wörtern, das man zu einem alten germanischen Dialekt hochdichtete. Damit bekam die brutale Germanisierung sozusagen ihren wissenschaftlichen Überbau.
Der Faschismus vollzog systematisch, was die Erste Österreichische Republik und der Ständestaat an den Kärntner Slowenen mehr oder weniger improvisiert versucht hatten: die planmäßige Aussiedlung, Entwurzelung und Ausrottung. Daß viele Kärntner Slowenen als Partisanen für die Befreiung Kärntens und Österreichs vom Hitlerfaschismus gekämpft haben und daß sie dafür bis zum heutigen Tage in Kärnten noch immer beschimpft werden, daß ihre Denkmäler in die Luft gesprengt wurden, zeigt doch wohl eines: mit dem Jahre 1945 hat der Faschismus in Kärnten durchaus nicht aufgehört zu existieren, sein offizielles Ende bedeutete noch lange nicht das Ende seiner mehr oder weniger öffentlichen Existenz: in den Köpfen vieler Kärntner, bei Biergelagen in Wirtsstuben, bei Ortstafelstürmen und selbst in öffentlichen Erklärungen von SPÖ-Politikern lebt er munter weiter.
Mit dem Österreichischen Staatsvertrag bekamen die Kärntner Slowenen, nun schon reichlich dezimiert durch Vertreibung und Ausrottung, noch einmal jene Garantien, die zumindest zu einer Erhaltung von Resten ihrer kulturellen Identität hätten führen sollen: die Zusage, daß sie vor Ge-

richt, in Ämtern, in bestimmten Schulen, auf Ortstafeln ihre Sprache, das Slowenische, verwenden können. Im Artikel 7 des Österreichischen Staatsvertrages ist das festgehalten, aber diese Garantien erwiesen sich als das, worauf sie geschrieben waren: als Papier.

Jetzt, wo man die Slowenen nicht mehr vernichten konnte, wo der »laute« Terror nicht mehr so einfach durchzuführen war, begann der »stille«, die slowenische Sprache begann zu verschwinden, in den Gasthäusern sprach man sie leiser, auf den öffentlichen Tafeln wurde sie übermalt und durchgestrichen, die Großeltern, die nicht so schnell umlernen konnten, wurden aus den Räumen geschickt. Wer das Slowenische trotzdem spricht, ist ein Stigmatisierter: es trifft ihn die volle Wucht menschlicher und sozialer Diskriminierung.

Ich habe über diesen stillen und lauten Terror gesprochen, und ich möchte das wiederholen, weil man die Situation der slowenischen Minderheit und der slowenischen Literatur in Kärnten nicht versteht und nicht verstehen kann, wenn man diesen Terror nicht kennt. Jeder Slowene in Kärnten, jeder Gymnasiast im slowenischen Gymnasium in Klagenfurt, jeder slowenische Journalist, jeder slowenische Dichter und Schriftsteller steht vor der einen entscheidenden Frage: entweder er bleibt Slowene und nimmt damit den stillen und lauten Terror in Kauf, oder er wird ein guter Deutscher und handelt sich damit Frieden und Ruhe ein.

Die slowenische Literatur seit 1945 spiegelt nicht nur verschiedene Stilepochen wider, verschiedene Auffassungen von Literatur, das teilt sie mit jeder anderen Literatur, sondern vor allem verschiedene Haltungen zur entscheidenden Frage, wie sie mit der diskriminierten Situation der Kärntner Slowenen und damit mit der eigenen Situation umgeht. Ob sie sie verdrängt, verneint, sich anpaßt, darunter leidet, dagegen kämpft, das unterscheidet die Literaten im wesentlichen; und nicht nur sie: die slowenische Minderheit in Kärnten selbst ist zerrissen von diesen verschiedenen Hal-

tungen, ihre oft selbstzerstörerischen Kämpfe sind damit zu erklären.
Ich möchte jetzt über einige Schriftsteller sprechen, die seit 1945 slowenische Literatur publiziert haben. Ich liefere Ihnen keinen Überblick, keine objektive Auswahl, keine Würdigung, sondern einen Versuch, die Stellung einiger Literaten zu der vorhin besprochenen entscheidenden Frage zu orten.
Karel Hauser schrieb nach dem Kriege einige Romane, die im bäuerlichen Milieu spielen. Er beschreibt eine bäuerliche Idylle, die es vor und nach dem Krieg nicht gegeben hat, klammert die sozialen und politischen Veränderungen aus. Ich mache mich hier nicht lustig über einen, der vor aktuellen Bedrängnissen in den Schein flieht, ich konstatiere das nur. Milka Hartmann, auch sie beschreibt, vor allem in sehr lyrischen Gedichten, das bäuerliche Leben, den bäuerlichen Alltag vor der Industrialisierung, aber in ihre Gedichte mischt sich, wenn schon nicht Zorn, so doch Trauer über die bedrückende Situation ihrer slowenischen Landsleute. Valentin Polànsĕk, seit 1948 Lehrer in einer Schule in Südkärnten, beschreibt in Gedichten und Prosa die Situation der Kärntner Slowenen. Es ist keine polemische und zornige Literatur, aber eine genaue. Mit beinahe kindlichem Erstaunen beobachtet da einer die Umwelt und hält den Schmerz fest, der den Seinen angetan wird. Andrej Kokot, der 1969 zum erstenmal Gedichte publiziert hat, schwankt zwischen Resignation und Widerstand. Ich möchte Ihnen ein Gedicht vorlesen, in dem diese zwei Grundhaltungen, die ich bei vielen slowenischen Freunden vorfinde, verkörpert sind:

Wie ein Maulwurf
wühle ich durch die Erde
und werfe manchmal
einen Haufen frischer Erde auf.
Schließlich erschöpft

wanke ich
und besinne mich
und doch war es
nützlich
wird mich wenigstens
der Schnitter verfluchen
wenn sich seine Sense
in den Maulwurfshügel bohrt.

Das Jahr 1960 war ein wichtiges Jahr in der Geschichte der slowenischen Literatur in Kärnten. In diesem Jahr erschien zum erstenmal die slowenische Literaturzeitschrift »mladje«. In ihr schrieben, kämpften, polemisierten, dichteten und dichten jene slowenischen Schriftstellerkollegen, die heute die größte literarische Öffentlichkeit erreicht haben: Florjan Lipus, der durch seinen Roman »Die Verirrungen des Schülers Tjaz« in der Übersetzung von Peter Handke sehr bekannt wurde, Gustav Janus und der größte Fieberkopf der slowenischen Literatur, mein Freund Janko Messner. Der zweiten »mladje«-Generation, den sogenannten Jungen, gehören an: Jozica Certov (sie studiert Slawistik in Klagenfurt und schreibt vor allem in slowenischer Sprache) und Jani Oswald (er studiert Jus in Wien, ist der derzeitige Chefredaktuer des »mladje«, schreibt in slowenischer Sprache und übersetzt sich selbst). Kristjan Mocìlnik schreibt Deutsch und Slowenisch.
Ich möchte noch etwas zu den Möglichkeiten, die slowenische Literaten in Österreich haben, sagen, denn auch hier gibt es so etwas wie einen stillen Terror. Die Zeitschrift »mladje«, die einzige, die überhaupt auf eine Existenz slowenischer Literatur in Österreich aufmerksam macht, ist ständig vom Sterben bedroht, und tatsächlich ist sie im Laufe ihrer Geschichte schon ein paarmal gestorben und Gott sei Dank auch wieder auferstanden. Für diese Auferstehung mußten die Mitarbeiter bei offiziellen österreichi-

schen Stellen bitten und betteln, als sei die Existenz einer zweiten Literatur in Österreich eine Schande und nicht eine förderungswürdige und großartige Bereicherung.
Slowenische Autoren finden in Österreich, auch wenn sie ihre slowenisch geschriebenen Werke selbst ins Deutsche übersetzen oder übersetzen lassen, kaum Verlage. Sie publizieren in Laibach oder Triest. Wenn der Residenz-Verlag die Handke-Übersetzung von Florjan Lipus großartig propagiert, so ist das noch lange kein Triumph der slowenischen Literatur in Österreich, sondern nur eine Alibihandlung, wenn nicht weitere Taten folgen. Ich appelliere an die österreichischen Verlage, diesen stillen Terror, den sie da absichtlich ober unabsichtlich der slowenischen Literatur angedeihen lassen, aufzugeben.
Zum Abschluß möchte ich noch sagen, warum der Bernhard Büncker und ich hier sitzen, obwohl wir keine Slowenen sind. Büncker hat sich die letzten Jahre immer wieder für slowenische Literaten und für die Veröffentlichung von slowenischer Literatur in österreichischen Literaturzeitschriften eingesetzt. Ich selbst bin ein engagierter Freund der slowenischen Literatur und habe aus dieser Freundschaft sehr viel gewonnen. Ich hoffe, daß es Ihnen heute abend, beim Anhören meiner Kollegen, auch so geht. (1984)

Zensur

Liebe Zuhörer!
Liebe Freunde!
Die Krise ist zu Ende, der Aufschwung ist wieder da. Bevor das zufriedene Grinsen jener, welche diese Krise zu verant-

worten haben, wieder vollends die Mattscheibe ausfüllt, möchte ich vom Preis dieser Krise reden, zuerst vom ökonomischen:

Diese Krise kostete in Österreich den »unselbständig Erwerbstätigen«, wie das so schön heißt, ungefähr drei Prozent ihres Lebens, in Westdeutschland sind es über zehn Prozent und in den Vereinigten Staaten an die zwanzig Prozent. Für zwanzig Millionen Menschen in den westlichen Industrieländern bedeutete die Krise eine hundertprozentige Lohnkürzung. Sie sind, bis auf weiteres, arbeitslos.

Was den einen genommen wurde, kommt den anderen zugute: die Erträge der österreichischen Unternehmer sind seit 1981 um fünfzig Prozent gestiegen, der Vorstand der westdeutschen Industrie spricht von einer »langsamen Genesung des Patienten«, und in den Vereinigten Staaten ist er vollends gesundet: seit dem Amtsantritt Reagans sind die Gewinne der Rüstungsindustrie um das Siebzehnfache gestiegen.

Dem ökonomischen Preis entspricht ein politischer: In den Vereinigten Staaten regiert ein Präsident, der in seinem Drang, das »Zentrum des Bösen« auszurotten und dabei die millionenfache Vernichtung von Menschen zu kalkulieren, an Adolf Hitler erinnert. In der Bundesrepublik regiert ein Kanzler, der diesem Präsidenten laut Beschluß des Deutschen Bundestages vom 22. November 1983 die Bundesrepublik als atomare Abschußrampe zur Verfügung gestellt hat. In England regiert eine Eiserne Lady, welche Arbeiter in Ausländer und Engländer einteilt, wobei ein Teil, welcher wohl, gerade verladen wird. Und in Österreich? In Österreich regieren die Sozialdemokraten, und die stehen über den Dingen, die angeblich so schwierig sind. Wenn sie allerdings einmal kräftig zupacken, dann so, daß einem See-en und Au-en vergehen.

Der politische und der ökonomische Preis der Krise ist sichtbar und meßbar. Der seelische Preis der Krise, über den noch

kaum geredet worden ist, ist mehr und mehr spürbar: es ist die Ausbreitung der Angst. Diese Angst gebiert Ungeheuer und Ungeheuerliches. Ich möchte es in Thesen sagen.
Erste These: Was als politische und ökonomische Wende erfahren wird, wird als »Ende empfunden«.
Die Apokalypse ist der neue Seinszustand. Natürlich ist sie in manchen Bereichen, dem der Natur, der Umwelt, der Aufrüstung, bereits ein Zustand, aber ebenso unnatürlich und wahnsinnig ist es, wenn alle Ängste, die aus konkreten Bedingungen unserer Zivilisation, unserer Arbeitswelt, unserer Umwelt, unseren Beziehungen entstehen, sich in dem einen, irrationalen Endzeitgefühl wiederfinden. Ein neuer Irrationalismus feiert, wie keine Bewegung in den letzten hundert Jahren, weltweite Urständ'. Die Verhältnisse, die gemachten und die erduldeten, lösen sich in Untergangsstimmungen auf und entziehen sich damit der Veränderung.
Ich möchte es an einem Beispiel zeigen: Der amerikanische Fernsehfilm »Der Tag danach« schildert die Idylle einer amerikanischen Kleinstadt: boys und girls jeglichen Alters leben ihr konfliktfreies Leben, bis die Bombe in diese Idylle fällt und alles zerstört. Hier wird das, was vorher schon da war, Arbeitslosigkeit, Ausbeutung, Kriminalität, Drogensucht, als eine einzige, schicksalhafte Katastrophe auf die Bombe projiziert. Die unvermeidliche Apokalypse tritt anstelle von Verantwortung und Veränderbarkeit.
Wenn mich Freunde einladen, an einer Friedensveranstaltung teilzunehmen, habe ich immer ein ungutes Gefühl. Selbstverständlich bin ich gegen Pershing und SS-20, aber mehr kann ich dazu auch nicht sagen. Dieses ständige, mehr oder weniger emotionelle Starren auf die große Überlebensfrage verdrängt und verschleiert die Lebensfragen, die mich und andere tagtäglich berühren und treffen.
Immer wenn der Untergang nahe ist, ist der liebe Gott nicht mehr weit. Ich komme also zu meiner zweiten These. Sie lautet:

Auf das apokalyptische Weltgefühl folgt die himmlische Frohbotschaft oder »Ihr Kinderlein kommet«.
Die beispielhafte und weltweite Karriere der Untergangsstimmung läßt sich nur noch mit einer anderen Karriere vergleichen: mit der des lieben Gottes in den Medien.
Wenn Herr Karol Wojtila das Theaterstück »Ich und der liebe Gott« weltweit inszeniert und wenn die österreichische Fassung dieses Stückes »Ich und der Papst« von Herrn Alfons Dalma ein medialer Dauerrenner ist, so ist das nicht nur verordnet, in die Röhre gezwängt, es gibt auch ein massives Bedürfnis danach. Wenn die ökonomische Krise, die Wende als »Ende« empfunden wird, dann braucht man den lieben Gott als Tröster für soviel Schrecken.
Inszenierungen, auch transzendentale, sind natürlich nicht für Gottes Lohn zu haben, sie kosten Geld. Der Papstbesuch in Österreich kostete 160 Millionen Schilling. Da haben Medienleute, Zeitungsmenschen und sozialdemokratische Politiker, die ihre Heiligkeit entdeckt haben, kräftig investiert, und sie wollten natürlich etwas haben für ihr Geld.
Was sie nicht haben wollten und was sie mit einer regelrechten Vernichtungskampagne verfolgten, war das sogenannte »Anti-Papst-Fest«, bei dem einige kabarettistische Kollegen ein bißchen was Atheistisches von sich gaben. Diesen Kollegen hängen heute noch Prozesse an. Ich glaube nicht, daß sie wegen ihrer Ungläubigkeit verfolgt werden, sondern wegen Geschäftsstörung.
Dritte These: Kunst stört.
Wenn Krisengewinnler und Überirdische den Staat machen und wenn sich Sozialdemokraten in diese Verbundgesellschaft einreihen, dann stört die Kunst. Es wäre für diese Menschen unerträglich, müßten sie diese Störung vor sich selbst und vor den anderen eingestehen, also treiben sie ein Spiel: sie verwechseln, absichtlich oder unabsichtlich, Kunst mit Kultur, sie entfalten oder lassen eine überschäumende Kulturbetriebsamkeit entfalten, eröffnen, schließen, lassen

kommen, lassen gehen und verwechseln diese Betriebsamkeit mit Kunst und sich selbst mit Kulturmenschen.
Wann hat der ORF das letzte Mal über einen Kollegen berichtet, der gerade an einem Buch schreibt, an einem Stück, an einem Bild malt, an einer Plastik hämmert? Aber welche Kulturbetriebsame mit welchem Kulturbetriebsamen schon per Du oder noch per Sie ist, das weiß jeder in Österreich.
Zuviel Kulturbetriebsamkeit schafft Überdruß. Dieser Überdruß trifft nicht das eigene Tun, das darf ja unter keinen Umständen hinterfragt werden, er trifft jene, die schreiben, malen, filmen und bildhauern. Ich beobachtete und empfinde den steigenden Haß der Kulturrezensenten gegenüber Kunstschaffenden:
Eine Kulturbetriebsame bezeichnet einen stückeschreibenden Kollegen als »Exdramatiker«, spricht ihm also seine Berufsberechtigung, seine Existenz ab und jammert gleichzeitig seitenweise darüber, daß ein – von mir aus begnadeter – Taktstockschwinger beleidigt Wien verläßt. Ein anderer fordert das Publikum auf, dringend in amerikanische Filme – vor allem »E. T.« – zu gehen und den Film »Atemnot« wie die Pest zu meiden. Das ist keine Kritik, das ist Haß.
Wenn auf seiten derer, die Kunst wägen, messen, zulassen, vernichten, so viele Möglichkeiten sind, und auf seiten derer, die sie machen, so wenige, dann machen die negativen Gefühle auch vor den Künstlern nicht halt. Ich spüre zunehmenden Neid unter den Künstlern.
Was hat das alles mit unserem Thema »Zensur« zu tun? In diesem historischen Klima der ökonomischen Krise, der politischen Wende, der apokalyptischen Gefühle, der Verwechslung von Kunst mit Kulturbetrieb wachsen und gedeihen jene Fälle von Zensur, die wir kennen oder im Verlaufe dieser Veranstaltung noch kennenlernen werden. In diesem Klima wachsen und gedeihen die alten und neuen Zensurrufer und Verhinderer: der alte Wichser, der wieder einen

Richter findet, welcher einer künstlerischen Arbeit jene Perversität anhängt, die der Anzeiger und der Richter in sich tragen; der frischgewendete Feuilletonist, der nichts mehr aufkommen läßt, was nicht dem allgemeinen Katastrophenfieber nachhetzt und was ihn an seine eigene »linke« Vergangenheit erinnern könnte; der Stadt- und Staatstheaterintendant, der – um die Gunst seiner Geldgeber nicht zu verlieren – lieber zehn tote Autoren spielt als einen störenden lebenden; der Vorsitzende der Metallergewerkschaft, der die Intellektuellen verhöhnt und mit der Zustimmung einer krisenverängstigten Arbeiterschaft rechnet; der Chefredakteur, der seinem Journalisten in einem klärenden Gespräch die trostlose Beschäftigungslage der Journalisten auseinandersetzt; der Polizist, der auf Fut und Beutel (literarisch oder buchstäblich) wieder einschlagen darf, weil sein Innenminister so schön schweigt; der Medienredakteur, der dem Schreiber nahelegt, die Zeichen der Zeit zu erkennen; der Schuldirektor in Imst, in Hartberg, in Zwettl, in Bludenz, der seinem Deutschlehrer vorschlägt, im Unterricht keine modernen Autoren lesen zu lassen, das könnte der Beförderung schaden und so weiter, und so weiter.
Schlechte Zeiten für die Kunst, aber gute Zeiten für den Widerstand. (1984)

Faschismus

Liebe Freunde!
Im Faschismus wurde ein jahrelanger Haß öffentlich, ein öffentlicher offiziell und ein offizieller legal. Dieser legalisierte Haß war es, der jene dreizehn Menschen, Kärntner

Slowenen, dem Henker auslieferte. Wir sind hier, weil wir an diese Menschen denken. Ich weiß nicht, ob wir wirklich zur Trauer über den Tod dieser dreizehn Menschen fähig sind, zu sehr ist ihr Schicksal in einem Meer ähnlich grausamer Schicksale verschwommen.
Vor vierzig Jahren wurde der legale und der offizielle Faschismus beendet. Was mich heute bewegt, ist seine halböffentliche, halbversteckte Existenz, ist jene rumorende Gewalt, die in Köpfen, in Gemütern, in Familien, in Gasthäusern, in Amtsstuben weiterlebt. Wann immer diese Gewalt öffentlich wird, zum Ausbruch drängt, bei Ortstafelstürmen, in unvorsichtigen Politikersätzen, bei Treffen von Neonazis, ist sie sichtbar und bekämpfbar. Wir treten dagegen auf, und die wenigen fortschrittlichen Geister in den Redaktionen schreiben dagegen an. Wir haben ein antifaschistisches Gewissen und sind entsetzt, wenn wir aus einer Umfrage der Zeitschrift »profil« entnehmen,

– daß 18 Prozent der Österreicher, also eine Million Wähler, der Meinung sind, daß es manchmal nicht das Schlechteste wäre, wenn heute wieder ein kleiner Hitler kommen würde. In unserem Heimatland Kärnten sind übrigens 25 Prozent der Menschen dieser Meinung, und unter den FPÖ-Wählern sind es gar 50 Prozent.

– daß 38 Prozent der Österreicher, also zwei Millionen Wähler, der Meinung sind, der Nationalsozialismus werde übertrieben und falsch dargestellt.

Diese Zahlen entsetzen uns, und wir bekämpfen das Sichtbarwerden des Faschismus, aber hinter den Zahlen, hinter dem Sichtbarwerden verbirgt sich das Unsichtbare, das Alltägliche, der gewöhnliche Faschismus, der diese Republik durchzieht wie ein unsichtbarer brauner Strom. Mit den Ausnahmen von kurzen öffentlichen Ausbrüchen ist diese

braune Gewalt wieder privat geworden, sie verbreitet sich schweigend in den eigenen vier Wänden, murmelnd und glucksend und rülpsend in den Gaststuben, kalt und dekretierend in den Amtsstuben. Sie ist, weil sie ständig ist, nicht mehr berichtenswert, sie ist so gewöhnlich, daß man sich schon an sie gewöhnt hat, und folglich ist sie nicht mehr beklagenswert. Wer schreibt und redet schon von einem Taxifahrer, der – selbstverständlich nur so dahingesagt – gern ein paar Tschuschen überfahren würde, um das Fremdarbeiterproblem auf seine Weise zu lösen. Wer spricht davon, daß meinen iranischen Freunden in Wiener Gemüsegeschäften grundsätzlich verdorbene Waren angedreht werden, daß Beamte des Arbeitsamtes jugoslawische Gastarbeiter, die sich mit den Formularen nicht so auskennen, nicht in die Kartei aufnehmen, sondern die schlecht ausgefüllten Formulare einfach in den Papierkorb werfen, daß mir ein ehemaliger Schulkollege aus Klagenfurt erzählt hat, er hätte das Personal seines Textilgeschäftes slowenenfrei gehalten.
Und dieser Taxifahrer, dieser Gemüsehändler, dieser kleine Beamte des Arbeitsamtes, dieser Schulkamerad, die stammen aus meiner Umgebung und aus meiner Klasse: der kleinbürgerlichen. Sie, die den Faschismusvorwurf von sich weisen würden, sind dennoch Träger und Verteiler einer Gewalt, die in ihnen rumort und in alltäglicher und täglicher Mißachtung gegenüber dem Anderen und Andersartigen zum Vorschein kommt. Sie verbreiten Gewalt, weil auch ihnen Gewalt angetan wird. Dieses Kleinbürgertum, das seine großen Lebenswünsche gegen kleine Geschäfte und zermürbende Geschäftigkeit eingetauscht hat, ist Mensch und Subjekt ja nur noch in den Wahlwerbungen der bürgerlichen Parteien. In Wirklichkeit werden sie ja ständig von den großen Haien gefressen, und weil sie das wissen und spüren, fressen sie die kleinen Fische, die Schwächeren, die Wehrloseren, die Andersartigen.
Die FPÖ, mit der sich die österreichische Sozialdemokratie

bis zur Würdelosigkeit, bis zum Verrat an der eigenen Geschichte kopuliert hat, Herr Frischenschlager, Herr Reder, Herr Haider, Herr Gorton, das sind nur die öffentlichen und offiziellen Überschriften. Die braunen Sätze darunter, die werden in diesem Lande täglich und alltäglich gesprochen. Wir müssen lernen, Freunde, uns mehr gegen diesen alltäglichen Faschismus zu wehren, bevor aus diesem halböffentlichen ein öffentlicher und aus dem öffentlichen ein offizieller wird.
Ich danke Ihnen fürs Zuhören. (1985)

Schönsein? Wohlfühlen?

Liebe Freunde! Werte Offizielle!
Stellen Sie sich den Himmel in Bewegung vor, die Wolken ziehen, die Vögel fliegen und die Pershings sausen in Richtung Erde. Die Erde befindet sich im Zustand der Raserei, gleich einem Ameisenhaufen, den ein menschlicher Fuß von der schützenden Geborgenheit in das sengende Licht getreten hat, und die Bombe kommt immer näher, und das Schreien wird immer lauter. Und stellen Sie sich eine Beruhigung, eine Ruhe vor, von der dieses Bild befallen wird: die Geschwindigkeit der Bombe verlangsamt sich, bis sie einige Kilometer über der Erde ganz zum Stillstand, zum Stehen kommt. Und auch die Raserei auf der Erde beruhigt sich, alles wird stiller, bis Stille ist und Entwarnung. Was werden wir, die noch einmal Davongekommenen, tun? Ich nehme an, wir werden versuchen, etwas Schönes zu erleben. Aber dieses Erlebte muß alles Erlebensmögliche beinhalten, das Schöne muß total schön sein, der Hunger nach dem gelebte-

sten aller Leben muß jeden Augenblick zu sättigen sein, denn niemand weiß, wann das Bild wieder in Bewegung gerät, wann die Bombe wieder zu fallen beginnt. Ich werde also über das »schöne Leben im nuklearen Zeitalter« sprechen, über Atombomben und Schwedenbomben.
Der Startschuß zum schöneren Leben im nuklearen Zeitalter fiel am 6. August 1945, dem Tag, an dem die Bombe auf Hiroshima fiel. Der kürzesten Trauer folgte die eifrigste Anstrengung, nunmehr alles Denkbare machbar zu machen, alles Vorstellbare herstellbar und alles Herstellbare bestellbar. Jede Ware sollte an jeden Ort gelangen, jede Information in jeden Kopf, alles Mögliche sollte jederzeit und überall gleichzeitig existieren, damit der Tod, der nukleare, der unvorhersehbare ein sattes Leben anträfe.
Zur Durchführung dieses schönsten aller Zustände ist die Einführung einiger Maximen notwendig. Erstens: die Sprache ist frei, das Wort bedeutet nichts mehr, es hat sich von der Wirklichkeit auf Nimmerwiedersehen verabschiedet. Erst dadurch wird jener kulturelle Gruppensex möglich, bei dem alle an allem teilnehmen, jene politische Promiskuität, welche die Auflösung jeglichen politischen Sinnes zur Folge hat: linke Politiker kuscheln sich mit Prälaten unter den geweihräucherten Pfingsthimmel und erheben alte Nazis per Regierungsbeteiligung zu neuen Demokraten. Wenn sich Sprache von der Wirklichkeit löst, dann kann das politisch Sinnlose auch politische Vernunft geheißen werden.
So wird Politik für ihre Betreiber erst wirklich schön: Es geht nicht mehr um die Einlösung einer Überzeugung, sondern um die Beteuerung des guten Willens. In diesem Zustand der uferlosen sprachlichen Freiheit kann von einer Durchflutung aller Lebensbereiche mit Demokratie geredet werden, wo in Wirklichkeit braune Rinnsale dahinfließen, können Parteiprogramme erstellt werden, die alles meinen und nichts wollen, kann ein Verteidigungsminister seine faschistische Klientel bedienen und sich gleichzeitig dafür ent-

schuldigen. Wenn alles gleichzeitig existieren kann, ist alles gleichgültig. Ich bezeichne die derzeitige Regierung, einschließlich der Opposition, einschließlich aller politischen Funktionäre dieses Landes als notorische Lügner und entschuldige mich gleichzeitig dafür.

Noch einmal: Wenn alles gleichzeitig existieren kann, ist alles gleichgültig. Die Stadtregierung ist verantwortlich für scheußlichste Gemeindebauten, für ein größenwahnsinniges und nicht funktionierendes Müllverwertungszelt, sie hat die Geometrie des Planes durch Bestechung und Größenwahn bis zur äußersten Kälte, bis ans Verbrechen geführt, und sie kann gleichzeitig ein Symposion mit dem erwärmenden Titel »Schönsein und Wohlfühlen« einberufen, denn Rufe sind Sprache, und Sprache bedeutet ja nichts.

Das schöne Leben im nuklearen Zeitalter, die Gleichzeitigkeit von allem und jedem erfordert eine weitere Maxime: Es gibt kein »entweder – oder« mehr, sondern nur ein »sowohl – als auch«. Diese Regierung ist sowohl für die Errichtung eines Kraftwerkes bei Hainburg als auch für die Rettung der dortigen Au. Herr Caspar Weinberger ist sowohl für den Frieden als auch für die Verdoppelung des Rüstungsbudgets, Herr Samuel T. Cohen ist sowohl der Erfinder der Neutronenbombe als auch – laut »Spiegel«-Interview – ein überzeugter Humanist. Diese Stadtverwaltung verschleudert eine halbe Milliarde für eine sinnlose Müllverwertungsanlage und läßt gleichzeitig Anzeigen drucken, in denen sie sich als »führend auf dem Gebiet der Müllentsorgung« bezeichnet. Der österreichische Innenminister ist sowohl für eine »größtmöglichste Toleranz gegenüber Jugendlichen« als auch für das Verprügeln der Jugendlichen durch seine Polizei. Mit der Erhebung der Schizophrenie zur Staats- und Regierungsform ist eben alles möglich geworden.

Im alles Möglichen ist das Beharren auf das Nichtakzeptable unmöglich, lächerlich, einseitig, intolerant. Das vollste aller Leben brauchte den völlig offenen Menschen, vorurteilsfrei und tolerant, aufgeschlossen und erschlossen an allen Stellen seines Körpers und seiner Sinne, mit weiten Öffnungen, damit alles und jedes ein- und durchmarschieren kann.

Am 15. Jänner 1981 wird eine vom US-Atom-U-Boot »Benjamin Franklin« irrtümlich abgefeuerte Trident-Atomrakete mit einer Reichweite von 12 000 Kilometern im letzten Augenblick in der Luft zerstört. Das Bild gerät in Bewegung, der Tod, der nukleare, bringt sich kurz in Erinnerung, die Anstrengungen zum schönsten Leben werden noch eifriger.

Eine Tourismusindustrie vermittelt die Gleichzeitigkeit aller Orte, eine Architektur die Gleichzeitigkeit aller Stile. Als man den Bauern in den sechziger und siebziger Jahren die Holzkästenfenster aus den Häusern riß und sie durch solche von der Firma Hrachowina – ein Name, der wie ein aztekischer Rachegott klingt – ersetzte, folgten der Augeneinschlagung keine Stille, sondern Stile: erst kaschierte man das alte Holz, dann resopalisierte man das kaschierte, dann tirolisierte man das resopalisierte, dann erwärmte man das tirolisierte durch das schwedische, und derzeit steht die Einführung des schamanischen in der Nähe von Zwettl unmittelbar bevor. Wenn alles aus aller Welt jederzeit zur Verfügung steht, dann ist Architektur, regionale und urbane, Allerweltsarchitektur, letztlich weltlos – und wer die Welt losgeworden ist, der hat auch ihre Chronik, die Geschichte verloren.

In dieser welt- und geschichtslosen Architektur, in der sich die Vororte und Orte in aller Welt zu gleichen beginnen, in der die Häfen und Flughäfen nur noch durch einen Blick ins Ticket und nicht mehr durch ihr Erscheinen zu bestimmen sind, in der die Menschen in ihren geometrischen Wohnhüllen und Höhlen mit der dünnen Eisenhand ihrer Fernsehantennen den Himmel beschwören, um noch mehr Welt zu erfahren, und dabei noch weltloser werden, ist Geschichte nur noch als Trödel und Tand vorhanden. Keine Neubauwohnung ohne Altes, kein zerstörtes Dorf ohne Heimatmuseum.

Das schöne Leben und das nukleare Zeitalter, das Schöne und das Nukleare, der helle Schein und der Atomblitz sind Geburten ein und desselben Schoßes. Eine Kultur, die sich den umfassenden, gewaltsamen Tod als ständige Möglichkeit verordnet hat, ist in all ihren politischen und ästhetischen Anstrengungen von eben dieser Tödlichkeit gezeichnet. Wenn Piloten der US-Air-Force die Spitzen ihrer Bomber mit Popeye the Sailor und Donald Duck bemalen, so ist das nicht nur die zufällige Übertragung der Massenkultur auf die Schlachtfelder, es zeigt auch, daß tatäschlich alles mit allem zu tun hat. General Electric erzeugt sowohl Farbfernseher und Trolleybusse als auch jene Computer, welche die Treffsicherheit von Atomraketen garantieren. Mandrake ist sowohl der Name eines Comichelden, der von Lee Falk und Phil Davis erfunden wurde, als auch der Name jenes elektronischen Radarsystems, mit dem die Guerillaeinheiten Che Guevaras lokalisiert und schließlich zur Vernichtung freigegeben wurden. Das ORF-Gebäude am Küniglberg sieht dem NATO-Hauptquartier in Brüssel sehr ähnlich, und jene Ledertasche, in der laut »Spiegel«-Foto die neueste Generation der Missiles transportiert wird, habe ich kürzlich am Züricher Flughafen unter der Etikette Exquisites wiedergesehen. Das Schöne und das Nukleare, das Exquisite und das Explosive, die Planer von Wohnsilos und Waffensilos gehören zusammen, sind gleichzeitig. Und selbst wo diese Gleichzeitigkeit verdrängt wird, meldet sie sich – unterbewußt – zu Wort. So sprach der Präsident des Österreichischen Gewerkschaftsbundes am 11. Jänner 1985 in einem Fernsehinterview von der »friedlichen Nutzung der Wasserkraft«.

Wie geht es Ihnen, wie geht es mir unter all diesen Aspekten? Ich persönlich möchte, wenn ich mich halbwegs wohl und halbwegs schön fühle, eine krumme Banane sein, intolerant und möglichst inhuman. Seit Herr Cohen, der Neutronenbombenerfinder, ein Humanist ist, möchte ich inhuman sein, seit der Herr Papst, Hand in Hand mit Massenmördern, seine gottbesoffenen Zuschauer zur Toleranz auffordert, möchte ich intolerant sein, und seit mich die Werbestrategen, die Evangelisten des schönen Lebens im nuklearen Zeitalter, aufgefordert haben, das Wort Banane zu vergessen und nur noch Chiquita zu sagen, möchte ich eine krumme Banane sein. Ich danke Ihnen fürs Zuhören. (1985)

Frauen und Männer

Ich kann über meine Frauenbeziehungen nicht reden, ohne von meiner Mutterbeziehung zu sprechen. Ich habe meine Mutter ständig als jemanden empfunden, dessen Zuwendung gleichzeitig Erstickung bedeutet, die Wärme gleichzeitig Enge, der Platz an der Brust, das In-den-Arm-genommen-Werden war angenehm und erdrückend zugleich. In meinen ersten Beziehungen zu Frauen hat sich dieses Modell wiederholt, kaum haben Frauen einmal ein Maß an Fürsorglichkeit für mich entwickelt, schon habe ich mich eingeengt gefühlt. Frauen, die sich selbst aufgaben, die mir ihr Leben überantworteten, haben mir schreckliche Angst gemacht. Ich kann heute nur Beziehungen zu Frauen führen, die ihr Recht auf einen eigenen Beruf und auf eine eigene Zeiteinteilung fordern, die sich mir gegenüber autonom verhalten. Die in diesem Land allgemein vertretene These, bei emanzipierten Frauen würde es sich um Männerhasserinnen handeln, ist falsch und dumm. Frauen, die sich Männern unterordnen, hassen in Wirklichkeit Männer viel mehr. Dieser Haß ist zugedeckt, er ist versteckt, er ist übertüncht von der Gebärde des Anpassens und Anhimmelns.

... Ich glaube, den Männern ist es viel wichtiger, was Männer über sie denken, als die Gefühle der Frauen. Männer heiraten Frauen in der Regel aus einem sehr einfachen Grund. Sie wollen mit ihnen Kinder haben und eine gemeinsame ökonomische Basis schaffen. Der Umstand, daß die Liebe sehr schnell erkaltet und in Zwecke übergeführt wird, erschreckt sie kaum. Sie sind ja auch kaum mit ihren Frauen zusammen, sondern stehen in Berufen, in denen sie sich gegenseitig Wichtigkeit bestätigen können.
... Sie wollen ja auch gar nicht mit den Frauen zusammensein, mit den eigenen Kindern, denn sie haben Angst vor ihnen. Ich habe einmal in einem Club 2 gesagt, die Situation der österreichischen Medien würde sich grundlegend ändern, wenn alle Abteilungsleiter den halben Tag mit ihren Familien verbringen müßten. Es gibt keine wirklich logischen Gründe, warum die Arbeitszeitverkürzung oder die Aufteilung eines Jobs für mehrere Menschen nicht stattfindet. Aber es gibt psychologische: die Männer haben Angst vor ihren Frauen und Kindern.
Wäre die Situation mit den Frauen, die Situation zu Hause, nur eine langweilige, wie Du sagst, warum verharren Männer dann ein Leben lang in dieser Langeweile? Warum spielen sie ihren Gattinnen den treu sorgenden Ehemann vor, wozu diese Grimmasse, die das Gesicht längst verzerrt hat, wenn sie keine Angst vor ihnen haben, wenn sie sich nicht buchstäblich in einer von Kind an bestehenden Abhängigkeit befinden würden, die sich am Anfang im Abliefern von Schulaufgaben gegenüber der Mutter ausdrückt und später im Abliefern des Orgasmus, der nichts anderes ist als die ehelich gewordene Schulaufgabe gegenüber der Frau.
... Was mich an meinem Geschlecht so irritiert, das ist die Verunstaltung, die Männer an sich selbst betreiben. Das sind diese lächerlichen Bilder von Männlichkeit, die hier öffentlich und privat produziert werden. Wenn Männer wüßten, wie oft sie von Frauen für dieses Männlichkeitsbild innerlich

ausgelacht werden! Und was mich noch irritiert, das sind die Erwartungen von feministischen Frauen. Ich suche ihre Nähe, ich will die Auseinandersetzung mit ihnen, aber ich komme mit ihren Erwartungen schwer zurecht. Einmal wollen sie den starken Mann, der sie nach ihren beruflichen Anstrengungen auffängt und tröstet, und dann wollen sie den schwachen, irritierten Mann, und verwirrten, von dem Du gesprochen hast.

... Bei mir persönlich läuft es ein bißchen anders. Ich kann mich über die Arbeit meiner Freundin, über ihre Erfolge sehr freuen, ich glaube, daß das aufrichtig ist. Und trotzdem läuft da etwas Merkwürdiges. Wenn ich mich auf ihre Arbeit einlasse, dann verschwinden die Liebesgefühle, so als würde das eine die Konkurrenz des anderen bedeuten. Entweder ich erlebe eine Liebessituation, dann hat die Arbeit oder Gespräche über sie keinen Platz, oder ich lasse mich auf ihre Arbeit ein, dann hat die Liebe keinen Platz. Ich habe den Anspruch und den Wunsch, beides zusammenzubringen, aber ich quäle mich sehr bei diesem Versuch, weil ich mir gerechte und gelebte Beziehungen zu Frauen wünsche. Und das nicht, weil ich ein guter Mensch bin oder ein großzügiger Mann, sondern weil mir durch das Zusammensein mit feministischen Frauen schon zu viel auffällt und weil ich dieses viele immer weniger ertrage. Ich ertrage es immer weniger, wenn meine Freundin und ich jemanden treffen, der nur über meine Arbeit spricht, wenn wir an einem Tisch mit mehreren sitzen und nur mir ins Gesicht geschaut wird. Es ist mir unerträglich, wenn von offizieller Seite, auch von seiten der regierenden Sozialdemokratie, Frauen wieder entlassen werden mit dem Argument, die Männer müßten ja das Geld für die Familie verdienen. Es wird nie menschliche Beziehungen geben, wenn das Recht immer nur für den einen Teil gilt. Ich kämpfe um ein Recht für alle, weil ich für mich selbst kämpfe. (1985)

Laudatio

Meine Damen und Herren!
Verehrte Jury!
Werte Freunde!
Sie haben dem Peter Huemer und seinem Team einen schönen Preis gegeben und mir die Aufgabe, die Laudatio auf ihn zu halten. Ein Laudator ist ein Lobredner, und Sie werden daher von mir nur Lobendes hören. Ich bin voll des Lobes, sozusagen.

Ich lobe den Peter Huemer für seine Fähigkeit, einer Institution, die ihrem österreichischen Wesen nach auf offizielles Gerede aufgebaut ist, zweimal wöchentlich den Versuch öffentlichen Redens abzutrotzen. Ich lobe ihn für seine Zähigkeit, mit der er den Würgegriffen der beiden Großparteien zu entkommen versucht, deren intervenierende Vasallen die letzte Domäne des öffentlichen Redens so gerne zu einem Jour fixe ihres offiziellen Gequatsches machen wollen. Ich lobe den menschlichen Gleichmut, mit dem er auf seine immer wieder kolportierte Absetzung und die Namensnennung seiner Nachfolger reagiert hat. Ich lobe ihn für seine Standfestigkeit im Namen des freien Wortes.

Ich lobe den ORF, und ich lobe vor allem sein beigestelltes Organ, die »Kommission zur Wahrung des Rundfunkgesetzes«, welche den vollen Umfang ihrer Möglichkeiten zweimal wöchentlich nicht wahrnimmt. Nach den Statuten dieses Organs kann nur sein, was »ausgewogen« ist und was »von den beiden großen Gruppierungen getragen wird«, und danach dürfte der Club überhaupt nicht mehr sein.

Im Falle einer Frau, der Präsidentschaftskandidatin Freda Meissner-Blau, ist das Organ jedoch voll da. Sie entspricht nicht dem »Objektivitätsangebot« und kommt daher subjektiv nicht vor.

Ich lobe jene Menschen, welche mit ihrem verwundeten

Leben, mit ihrer Unfähigkeit, den Trümmerhaufen unserer Existenz hinter der Fassade wohlklingender Behauptungen verschwinden zu lassen, den Club am Leben erhalten haben. Sie sitzen heute nicht da. Sie wurden aus gegebenem Anlaß geholt, und da sich die Anlässe ändern, waren sie schon nach zwei Tagen überholt. Der Club, das Medium, bringt Blitzlichter des Elends, aber bringt wahrhaftig kein Licht ins Dunkel. Das ist die schreckliche Seite des Fernsehens.

Ich lobe die Zuschauer, welche viele nächtliche Stunden auf jenen Moment warten, den sie sowohl fürchten als auch herbeisehnen. Sie, die sich auf den allabendlichen Weg der Illusion begeben, begegnen plötzlich einem Menschen, dem die Illusion, die Selbsttäuschung zu mißlingen beginnt: einem Gesicht, dessen beherrschte Miene sich unter dem Druck des Gemüts aufzulösen beginnt, einer Handbewegung, die einen Zustand festhalten will, der nicht mehr zu halten ist. Sie, die Zuschauer, haben beim Anblick eines Clubgastes, eines fremden Menschen, etwas von ihrer eigenen Wirklichkeit gesehen und gespürt. Das ist die faszinierende Seite des Fernsehens.

Ich lobe die Mitarbeiter des Clubs dafür, daß ihnen in diesem gestrandeten und fensterversperrten Schlachtschiff am Küniglberg noch nicht die Luft ausgegangen ist. Und ich lobe die Jury für ihre wirklich vernünftige Entscheidung. Ich danke Ihnen fürs Zuhören. (1986)

Waldheim I

Sie fragen mich, was ich zu den Anschuldigungen gegen den derzeitigen österreichischen Kandidaten für das Amt des Bundespräsidenten, Kurt Waldheim, zu sagen habe. Nichts. Dieser Mann ist völlig unschuldig. Wie Sie wissen, wurde Hitler 1938 in Österreich voll Enthusiasmus begrüßt, unter den KZ-Schergen waren besonders viele Österreicher. Wir behandeln unsere Minderheiten immer noch im alten Geist. Gleichzeitig ist es uns gelungen, einen Staatsvertrag abzuschließen, in dem schwarz auf weiß steht, daß wir vom Faschismus überfallen wurden. Wir sind nicht die Täter, wir sind die Opfer. Nicht nur Herr Waldheim, wir alle sind unschuldig. Wir stellen uns vor den restaurierten Kellern, in denen wir unsere Leichen versteckt hatten, auf und begrüßen den zahlenden Gast mit freundlicher und unschuldiger Miene.
Wir sind ein gutes Land. (1986)

Die Bewohner des Stammtisches

Verehrte Anwesende!
Liebe Freunde!
Ich werde zu Ihnen nicht über Tagespolitisches sprechen. Das Aktuelle, dieser Präsidentschaftswahlkampf mit all seinen Entsetzlichkeiten, ist nur dem Scheine nach aktuell, die Lügen und Worthülsen dieser Tage dröhnen aus Trompeten, an denen diese Republik seit ihrer Wiedererstehung geschmiedet hat.
Ich bin nach dem Kriege in einem Kärntner Dorf aufgewach-

sen, mein Vater war ein italienischer Gastarbeiter. Das erste Antlitz dieser neuen Republik, welches ich zu sehen bekam, waren die Gesichter der Dorfhonoratioren am Stammtisch des Dorfgasthauses. In ihnen spiegelte sich keine Trauer, kein Entsetzen über das soeben erlebte Grauen wider, keine Schuldbekenntnisse waren von ihnen, den Mitverschuldern des Grauens, zu hören. Im Gegenteil: selbstzufrieden und unantastbar teilten sie sich die neue Macht im Namen neuer Funktionen. Aus dem Ortsgruppenleiter wurde der neue Bürgermeister, aus dem nationalsozialistischen Lehrer der neue Schuldirektor. Meinen Vater verachteten sie, er kam aus einem Lande, in dem der deutsche Soldat, wieder einmal, verraten wurde.
Diese Verachtung, die uns Kinder genauso traf, und die ich damals so schwer verstehen konnte, hat mich aus dem Lande getrieben. Ich habe mir, weil woanders auch nur Fremde und Fremdheit war, ein literarisches Land erbaut, gegen bestehende Verhältnisse geschrieben und mir solche ausgedacht, in denen ich mich zuhause fühlen könnte.
Ende der sechziger Jahre kam ich nach Wien, vollgepackt mit Ideen und rüde hingeschriebenen Theaterstücken. Ich bin den Bewohnern des Stammtisches wiederbegegnet. Sie saßen, selbstbewußt und unangreifbar wie eh und je, hinter den Schreibtischen der Kulturbürokratie und verjagten mich und eine ganze Schriftstellergeneration in die Bundesrepublik.
Inzwischen haben die Bewohner des Stammtisches vieles hinzugelernt. Sie haben sich von Werbeagenturen den Rat geholt, ihre buchstäblichen und geistigen Gamsbärte kürzer zu stutzen und weltoffener in den Bierdunst ihrer Umgebung zu blicken. Sie haben ihre Sprache liberalisiert, aber nicht ihr Wesen.
Ich bin ein Gefangener meiner Biographie. Diese Menschen sind mir so viele Jahre hindurch mit Verachtung begegnet, daß ich sie bis auf den heutigen Tag verachte.

Kurt Waldheim ist ein Bewohner des Stammtisches, auch wenn er diesen Stammtisch gegen so viele Schreibtische, ja gegen den Weltschreibtisch vertauscht hat. In ihm und hinter ihm treten die Stammtischbewohner meiner Kindheit wieder hervor, wird das Antlitz der unantastbaren Selbstzufriedenheit wieder sichtbar. Aus diesem Antlitz kann Schuld und Trauer verbannt werden, das Verlogene und Verdrängte ist nicht wegzuwischen.

In dem Dorfe, in dem ich aufgewachsen bin, gab es auch andere und anderes. Am Dorfrand, zumeist in Baracken, wohnten die »Roten«. Sie fuhren jeden Tag in die Stadt »arbeiten« und waren von den bäuerlichen und kirchlichen Ritualen ausgeschlossen oder schlossen sich selbst aus. In diesen Baracken wohnten auch Kriegskrüppel und Trinker, Menschen, die seelisch und körperlich nicht in der Lage waren, am »Wiederaufbau« mitzuwirken. Ein versoffener Bibliothekar erzählte mir von der Arbeiterbewegung, ihrer Vergangenheit, ihrer Zukunft. Das zumeist stumpfsinnige und trostlose Leben dieser Menschen stand in krassem Widerspruch zu seinen Geschichten. Trotzdem habe ich mich zu diesen Menschen hingezogen gefühlt, zuerst widerstrebend, dann immer nachhaltiger.

Aus dieser Hingezogenheit, deren Quell vielleicht nichts anderes war als das uns verbindende Gefühl, von den bäuerlichen Bewohnern des Stammtisches verachtet zu werden, wurde im Laufe der Zeit und der Jahre eine politische und literarische Zugehörigkeit. Ich bin ein Teil der Arbeiterbewegung, und ich habe meine Arbeit immer als Versuch verstanden, der menschlichen, der materiellen und der kulturellen Deklassierung der Arbeiterschaft entgegenzuwirken.

Für diese Deklassierung trägt die regierende Sozialdemokratie eine erhebliche Verantwortung. Sie hat den Einstieg in die bürgerliche Gesellschaft durch einen Preis und durch ein Versprechen erkauft.

Der Preis war die Aufgabe der kulturellen und ideologischen Identität der Arbeiterschaft, und dafür wurde den Menschen ein steigender Anteil am Wohlstand versprochen. Der Preis war zu hoch: Arbeiterbibliotheken wurden geschlossen, eine kulturelle Wüste breitete und breitet sich in den Köpfen der Belegschaften aus. Die ideologische Preisgabe hat einen Typ von Funktionär hochgebracht, der nur noch aus Bodenlosigkeit und Opportunismus besteht. Der Arbeiter hat das Denken – und das Wehren und Streiten gehörten auch zum Denken – den Funktionären überlassen, und die lassen es lieber, sonst könnte es ihnen vor ihnen selber grausen.
Und das Versprechen? Das Versprechen war kurzfristig einlösbar, in wochenendgebauten Häusern mit Garten, und ist es heute schon nicht mehr. Keine zwanzig Jahre hat das kurze und kleine Glück der Arbeiterschaft gedauert, und heute sitzen viele Arbeiter in ihren Häuschen und können die Kreditraten nicht mehr bezahlen. Auch wenn jetzt aus wahltaktischen Gründen die Sicherung der Arbeitsplätze versprochen wird, so entspricht das nicht mehr der Möglichkeit und damit auch nicht mehr der Wahrheit.
Ich bin ein Gefangener meiner Biographie. Die Bewohner des Stammtisches verachte ich, am Zustande der Sozialdemokratie verzweifle ich. So viele fragen mich in den letzten Tagen – erstaunt, verärgert –, warum ich im ersten Wahlgang Freda Meissner-Blau gewählt habe und jetzt für Kurt Steyrer eintrete. Tatsächlich erklärt diese Erklärung, die ich mit Lukas Resetarits, Andrè Heller und einigen Freunden unterschrieben habe, kaum etwas. Die Gründe liegen tiefer, sie liegen in meiner Biographie. Ich, der ich ein grundsätzlich Heimatloser bin, habe eine Spur von Zugehörigkeit am Dorfrande gefunden, später in Betrieben, bei Lesungen, bei Auseinandersetzungen mit Betriebsräten, bei gemeinsamen Aktionen mit Lehrlingen der VÖEST und so weiter. Heimat war für mich nie ein geographischer Ort. Sie war, selten genug in meinem Leben, immer ein politischer Ort.

Vielleicht ist dieses Heimatgefühl, diese Zugehörigkeit längst eine Fiktion, eine Reminiszenz, eine Selbsttäuschung? Vielleicht halte ich etwas aufrecht, das – gemessen an der Praxis der regierenden Sozialdemokratie – nicht mehr aufrechtzuerhalten ist? Aber die Menschen in den Betrieben, der Waldviertler Pendler, der auf Kurzarbeit gesetzte Stahlarbeiter aus Judenburg, die vielen Jugendgruppen in- und außerhalb der Betriebe, die ich immer wieder besuche, die kann man doch nicht gleichsetzen mit der regierenden Sozialdemokratie? Eines weiß ich: diesen Menschen wird es schlechter gehen, wenn die Bewohner des Stammtisches an die Macht kommen. Ich danke Ihnen fürs Zuhören! (1986)

Die Deutschen und die Österreicher – Chronik einer touristischen Begegnung

»Wandern in Österreich unterscheidet sich auch dadurch, daß Förstertocher Resi dem Biologiestudenten aus Göttingen gern die Abkürzung durch den Wald zeigt, weil dadurch der Weg ein Viertelstündchen länger wird.«
(Österreichische Fremdenverkehrswerbung in der Bundesrepublik 1986)

»Die Bevölkerung des Landes ist dazu angehalten, dem reisenden und nächtigenden Fremden den lieblicheren Teil ihres Wesens nicht vorzuenthalten.«
(Aus einem Aufruf der Kärntner Landesregierung im Jahre 1891)

Von den nicht vorzuenthaltenden lieblicheren Teilen der Kärntner Bevölkerung bis zu dem in Aussicht gestellten Schnellfick der Förstertochter Resi spannt sich der Bogen einer touristischen Begegnung, die ihrem Wesen nach einem Rollenspiel gleicht, wobei dem Österreicher die Rolle der Hure und dem Deutschen die ihres Gastes zufällt. Die Geschichte des österreichischen Tourismus ist daher die Geschichte einer Hurerei.

Wie jede Hurerei, so ist auch diese von zwei sehr unterschiedlichen Empfindungen geprägt. Der österreichische Wirt braucht den deutschen Gast in einem durchaus existentiellen Sinne. Er hat alles, Weib, Kinder, Verwandte, das Personal, das Haus, die Landschaft auf den Tourismus abgerichtet, er ist mit 60 Milliarden Schilling verschuldet, die rote Lampe hängt Tag und Nacht vor den Türen und Toren seines Landes. Das Ausbleiben des deutschen Gastes würde nicht nur eine finanzielle Einbuße bedeuten, es würde ihn buchstäblich in seiner materiellen und psychischen Existenz vernichten. Der Österreicher braucht den Deutschen nicht nur für sein Fortkommen, er braucht ihn geradezu für sein Fortleben. Ein solch umfassendes Maß an Abhängigkeit gebiert Verachtung, ja Haß gegenüber demjenigen, von dem man sich abhängig fühlt und es in der Tat ja auch ist.

Der deutsche Gast betritt ein österreichisches Wirtshaus und es umfängt ihn die Atmosphäre einer Anpassung, einer Hurerei: der Wirt ahmt die Sprache des Deutschen nach, serviert ihm »seine« Gerichte, läßt ihn in »seiner« Währung bezahlen und schunkelt mit ihm zu den martialischen Klängen »seiner« Fröhlichkeit. Kaum aber hat der deutsche Gast das österreichische Wirtshaus verlassen, nennt ihn der Wirt einen Scheißpiefke, einen präpotenten Schrumpfgermanen, der glaube, er könne mit seiner DM alles und jedes kaufen. Wen man von Angesicht zu Angesicht lieben muß, dem sagt man jegliche Gemeinheit in den Rücken.

Mit dem Ausbruch des industriell organisierten Tourismus und dem Einbruch deutscher Menschenmassen in österreichische Lande und Wirtshäuser mußte aus der inszenierten, also vorgespielten Anpassung eine tatsächliche werden.

Wenn der Wirt, seine Frau, seine Kinder, die Verwandtschaft, das Personal, Tag und Nacht »anders« sein müssen, dann werden sie zu Anderen. Die sprachliche, die zeitliche, die seelische Abrichtung auf den Fremden hat sie selber zu Fremden gemacht: sie sind sich und ihren Nächsten fremd geworden. All die Jahre haben die österreichischen Fremdenverkehrsbehörden Jubelmeldungen über steigende »Nächtigungsziffern« und »voll ausgelastete Kapazitäten« veröffentlicht. Es wird Zeit, einmal eine ganz andere Bilanz öffentlich zu machen: das ganze Ausmaß der familiären und zwischenmenschlichen Beziehungen, die aus Mangel an Zeit und Kraft gestorben sind, all die Weihnachts- und Festtage, an denen kein privates Wort und Gefühl mehr möglich war, weil sich alle und alles wie eine bauchtanzende, sprich schuhplattelnde Hure um den Gast drehte.
Im Bereiche der Sexualität verhält es sich mit der Anpassung genau umgekehrt, sie ist eine inszenierte, eine vorgespielte und keine tatsächliche. Der österreichische Fremdenverkehr und seine Organe können ja diese touristischen Massen nicht »tatsächlich« befriedigen. So viele Resis, die wir mit all den Göttinger Studenten – wenn auch nur auf eine Viertelstunde – hinter die Büsche schicken könnten, haben wir ja gar nicht, und müßten die Tiroler Skilehrer »tatsächlich« jene Zünftigkeit und Brünftigkeit einlösen, über die sie laut Prospekt verfügen, sie würden wahnsinnig werden. Es geht hier also um das Vormachen und nicht um das Machen von etwas. Im gleitenden Übergang dieser beiden Begriffe hat sich eine ganze Industrie eingenistet. Sie suggeriert dem deutschen Gast – auf wahrhaft obszönen Heimatabenden – die permanente Geilheit der österreichischen Madln und Buam, versetzt ihn in einen Zustand dauernder Erregung, dessen Einlösung der deutsche Gast in seinem Düsseldorfer Büro nach Beendigung des Urlaubs zwar behauptet, die jedoch tatsächlich nie stattgefunden hat.
Ende der Fünfzigerjahre erreichte der Tourismus auch jenes

Kärntner Dorf, in dem ich aufgewachsen bin. Die Einhaltung der nächtlichen Sperrstunde wurde vom Dorfgendarmen, dem Postenkommandanten, strengstens kontrolliert, mit einer Ausnahme: die deutschen Gäste konnten grölen und saufen solange sie wollten. Vor dem touristischen Götzen krümmte sich nicht nur der Rücken der Wirte, sondern auch das Gesetz.

Und die politische Moral: Äußerten die Vertreter des Fremdenverkehrs in der österreichisch-ungarischen Monarchie des Jahres 1914 noch schwerste Bedenken gegen einen möglichen Krieg (»Krieg und Fremdenverkehr sind absolute Gegensätze. Besonders in Kampfgebieten kann der Fremdenverkehr völlig lahmgelegt werden«), so gaben sie sich mit folgender Erklärung des deutschen Alpenvereines durchaus zufrieden und kriegsbereit: »Wie wenig von Österreich-Ungarn kennen wir Reichsdeutsche. Der Deutsche wird künftig nach dem Südosten reisen. Er bietet an landschaftlicher Schönheit einen vollwertigen Ersatz für Italien, dessen Boden von jedem Deutschen auf Jahre hinaus gemieden werden soll.«

Und so war es dann auch. Mit Aufrufen, wie: »Die Karpaten haben als Schlachtfeld in diesem Kriege eine solche Berühmtheit erlangt, daß jeder Deutsche das Bestreben haben muß, sie mit eigenen Augen zu schauen«, legten die deutschen und österreichischen Verkehrsvereine die Reiserouten fest. Was der Krieg unmöglich zu machen schien, wurde durch ihn erst möglich.

Mit dem Ende des Ersten Weltkrieges ging nicht nur diese spezifische Form des Tourismus verloren, sondern auch die Gebiete, in denen er stattfand. »Wenn man die Bedingungen der Friedensverhandlungen zu St. Germain betrachtet«, jammerte die Wiener Zeitung Ende 1919, »so sieht man sofort, welche gewaltigen Einbußen, vor allem an Fremdenverkehrsgebieten, Österreich durch diesen Krieg erleiden mußte.«

Es war nicht notwendig, allzu lange zu jammern, denn schon ab 1924 entwickelte sich der deutsch-österreichische Tourismus »auf das Prächtigste«, wie die amtliche Statistik vermeldet. Der Touristenstrom, welcher gemessen an den heutigen Verhältnissen noch ein Fluß war, bewegte sich von den klassischen Tourismusorten in die Ortschaften. Der Vorarlberger, der Tiroler, der Salzburger Bauer wurde zum Gastwirt und der Mechanismus von Anpassung und Verachtung kam umfassender in Gang.

Das »Prächtige« lief solange prächtig, bis Hitler in Deutschland an die Macht kam. Er beschwerte sich bei der österreichischen Bundesregierung, daß man seine österreichischen Nazis nicht anständig behandle und daß er Maßnahmen ergreifen werde, falls man ihnen nicht mehr öffentlichen Spielraum gäbe. Die österreichische Regierung, die gerade selbst dabei war, eine faschistische zu werden (allerdings in der österreichischen Variante, weshalb man den österreichischen Faschismus auch den »grünen« nannte), schlug diese Drohung in den Wind, worauf Hitler die sogenannte »1000-Mark-Sperre« verfügte. Jeder deutsche Tourist, der nach Österreich wollte, mußte an der deutschen Grenze 1000 Mark erlegen, und wer, außer den von Hitler geschickten Unruhestiftern, konnte das schon. Der Vorstand des Vorarlberger Handels- und Gewerbebundes beschwerte sich, nicht etwa bei Hitler, sondern bei der eigenen Regierung: »Es ist selbstverständlich, daß sich die Unterdrückung der nationalen Bewegung (gemeint ist die nationalsozialistische, Anm. d. Verf.) in Österreich auf das Verhältnis mit Deutschland nicht gut auswirken kann. Wir fühlen uns aus rein wirtschaftlichen Erwägungen verpflichtet, warnend unsere Stimme zu erheben, damit in Hinkunft sowohl in Vorarlberg als auch in den übrigen Bundesländern alles unterbleibt, was unser gutes Verhältnis zum Deutschen Reiche stören könnte.« Noch bevor die Wirtschaftsmenschen so richtig grüne Faschisten waren, waren sie schon

braune, weshalb die endgültige Vereinigung ein paar Jahre später vollzogen werden konnte.
»Mit dem Inkrafttreten dieses vom Führer im Jahre 1938 erlassenen Reichsgesetzes in der Ostmark wurde die gesetzliche Grundlage zur Eingliederung des Landes Österreich in die bestehende und bestens bewährte Fremdenverkehrsorganisation des Altreiches geschaffen.« Das Dritte Reich, ein Fremdenverkehrsparadies?
Mitnichten. Was immer man an Fremdem im eigenen Lande vorzufinden glaubte, wurde vernichtet und die ausländischen Touristen (die sogenannten »qualifizierten Fremden«, wie es in einer damaligen Verlautbarung hieß) hatten natürlich wenig Lust, in ein solches Land zu reisen. Aus diesem Dilemma, als Wirt in einen Staat geraten zu sein, in dem es keine Fremden mehr gab, befreite sich der Österreicher auf seine Weise. Er ergriff seine historische Chance, endlich aus der Rolle des Wirtes auszusteigen und in die des Reisenden einzusteigen. Unter Führung des obersten Reiseleiters, der selbstverständlich auch ein Österreicher war, stellte er sich den »bewährten Fremdenverkehrsorganisationen des Altreiches« zur Verfügung und ging mit ihnen auf Reisen. Um seinen neugewonnenen Status als Eroberungsreisender voll empfinden zu können, mußte er in den bereisten Gebieten alles vernichten, was ihn am Erleben und Ausleben dieses neuen und berauschenden Gefühls behinderte. Besonders bei der Errichtung und Verwaltung von dazu notwendigen Vernichtungslagern erwarben sich österreichische Reiseleiter wie Eichmann, Kaltenbrunner und Globocnik große Verdienste.
Wie sehr der Österreicher den Krieg als großen Ausflug empfand, spiegelt sich nicht nur in Feldpostkarten und Photos dieser Zeit wider, sondern auch in Erzählungen, die ich in meiner Jugend in Kärntner Gasthäusern gehört habe. Hier war von Städten wie Paris, Narvik, Kiew, von Gegenden wie den Ardennen, der Krim, dem Peloponnes die Rede, als seien es Bilder aus einem farbigen Prospekt gewesen und

nicht Orte entsetzlicher Gewalttaten. Gewiß, es gab Unangenehmes, ja Schreckliches, aber gerade das machte das Reisen erst zum Reiseabenteuer, von dem man ein Leben lang erzählen konnte.
Es ist das Drama des Österreichers, daß er für seine besten Ideen, für seine kühnsten Unternehmungen vom Rest der Welt verachtet wird. Seine Idee, die Kriegsschauplätze des Ersten Weltkrieges zum Tourismusgebiet zu erklären, sein Versuch, die Rolle des Gastwirtes abzustreifen und zum Reisenden, ja zum Welteroberungsreisenden zu werden, scheiterte in den Augen der Weltöffentlichkeit ebenso wie sein letztes Experiment, mittels Glykol die Herstellung des Weines von der Rebe unabhängig zu machen.
Im Jahre 1945 gelang es ihm auf jeden Fall mit affenartiger Geschwindigkeit, dieser Weltverachtung zu entkommen. Es war nicht erst der im Jahre 1955 unterzeichnete österreichische Staatsvertrag, in welchem Österreich als jenes Land bezeichnet wird, welches als erstes von Hitler okkupiert wurde, der Österreicher also vom Täter zum Opfer wurde, es waren die österreichischen Großparteien, die ihr demokratisches Staatsgewand über seine braune Vergangenheit breiteten, die ihm einen schnellen und reuelosen Übertritt in die Unschuld ermöglichten.
Der politischen Reinwaschung entsprach eine ästhetische: Kurz nach dem Kriege begannen die Österreicher wie wild Filme zu produzieren. Sie hießen »Maresi«, »Der Herr Kanzleirat«, »Der Engel mit der Posaune«, »Die Glücksmühle«, »Triumph der Liebe« und hatten nur einen Zweck: man wollte sich und die Welt von seiner absoluten Unschuld und Harmlosigkeit überzeugen. Man muß sich das vorstellen: während die Menschen in den zerbombten Städten hungerten, saß die Förstertochter Maresi am Schoß des alten Herrn Kanzleirates und ließ sich mit ihm von den Klängen des Engels mit der Posaune in die Glücksmühle entführen, um dort den gemeinsamen Triumph der Liebe zu erleben.

Manchmal ging die ästhetische Reinwaschung schneller als die politische. Der Film »Erde« konnte nicht in die Kinos kommen, weil die meisten Mitwirkenden noch in sogenannte »Entnazifizierungsverfahren« verwickelt waren.

Nach nur drei Jahren und 42 Spielfilmen, in denen sich der Österreicher als beschwingter, gastfreundlicher und liebessüchtiger Todel offerierte, griffen die Amerikaner das Angebot auf. Am 2. April 1948 erließ der amerikanische Kongreß den »Economic Cooperation Act«, dessen Kernstück das »European Recovery Program« war. Dieses Programm ging als »Marshallplan« in die Geschichte ein. Die Deutschen bekamen Millionen von Dollars zum Wiederaufbau ihrer Industrie und die Österreicher Millionen zum Wiederaufbau ihres Fremdenverkehrs. Damit waren zwei Rollen im Nachkriegseuropa zugeteilt. Die Deutschen sollten schaffen und die Österreicher sollten für ihre Erholung sorgen. Österreich war zum Hawaii Mitteleuropas geworden, zur touristischen Bananenrepublik.

Der Österreicher, der mit seinem Versuch, einmal eine größere Rolle zu spielen, kläglich gescheitert war, nahm die des Wirtes dankbar an. Aus der österreichischen Gesellschaft wurde eine Wirtsgesellschaft, die Nächtigungsziffern stiegen in die Abermillionen. Der Touristenfluß der Ersten Republik wurde zum Strom, der Strom zu Strömen, der österreichische Wirt zur Hure, die österreichische Landschaft zum Vierfarbenprospekt.

So wie die Hure den Gast braucht, so braucht der Gast die Hure. Ich habe Ende der sechziger Jahre in Frankfurt gearbeitet, mich sehr einsam gefühlt und Kontakt mit Huren gehabt. Sie erzählten mir immer wieder, daß ihr deutscher Freier das Fremde, das Außergewöhnliche suche, aber zu fremd sollte es nun auch wieder nicht sein. Ein bißchen Schweinigeln im sauberen Wohnzimmer, das ist der tiefste Wunsch des deutschen Freiers. Die echte Hure erfüllt ihm diesen Wunsch mit einem »Ficken wie bei Muttern« und die

österreichische Wirtshaushure mit einem »Futtern wie bei Muttern«. Der deutsche Gast kommt nach Österreich, weil er ins Ausland will, aber es soll ihm nicht zu ausländisch erscheinen. Deshalb überzieht er dieses Land mit der Erwartung, »seine« Sprache vorzufinden, »seine« Währung, »seine« Gerichte, »seine« Lieder, und die österreichische Wirtshure erfüllt ihm diese Erwartung voll und ganz. Österreichische Touristenorte sind in der Hochsaison von deutschen Provinzstädten nicht mehr zu unterscheiden.
Wie jedem Freier, so ist auch dem deutschen Gast die Anpassung seiner Hure zu wenig, er will auch noch ihr Herz haben. Bei ihm, nur bei ihm, soll sie einen Orgasmus haben, ihn soll sie wirklich mögen. Er wird Stammkunde, kommt Jahr für Jahr ins Land und versteht nicht, daß das Herz der österreichischen Wirtshure an vielen, zu vielen schunkelnden Heimatabenden ausgeronnen ist.
Es gibt ein Aussetzen, ein völliges Verschwinden dieses Mechanismus von Anpassung und Verachtung zwischen der Hure und ihrem Freier. Wenn ein österreichischer Wirt und sein deutscher Gast plötzlich die gemeinsam erlebte Wehrmachtszeit entdecken, fallen sie sich ergriffen in die Arme und Namen von Truppenteilen und Vorgesetzten schwirren durch den biergeschwängerten Gastraum. Auch das sind Szenen meiner Jugend: der noch eben devot grinsende Wirt verwandelte sich von einem Augenblick zum anderen in den Kameraden Schnürschuh, und der gerade gönnerhaft den Hintern der Wirtstochter tätschelnde Gast wurde zum Obergefreiten Müller, mit dem man in Narvik den Gefrierfleischorden erhalten hatte. Die touristisch huröse Fassade zerfiel in bierselige Kumpanei, das Gemeinsame, das Verbindende, Hitlers Eroberungskrieg und die Erinnerung daran hatte die beiden wieder. Der Wirt sprach nicht mehr zum Gast, der Freier nicht mehr zur Hure, sondern der Mensch zum Menschen, der Kamerad zum Kameraden.
Der österreichische Wirt, die österreichische Wirtsgesell-

schaft opfert dem Tourismus nicht nur die Familie, die Zeit, die Seele, sondern auch und vor allem die österreichische Landschaft. Wenn ich Photos von Berghängen sehe, in die der Skiwinter tiefe Furchen gezogen hat, sehe ich ein anderes Bild vor mir: der österreichische Wirt, der diese Landschaft braucht, weil sie der Magnet ist, mit dem er die Gäste ins Land lockt, haßt diese Landschaft gleichzeitig für dieses Brauchen, für diese Abhängigkeit und schlägt auf sie ein, blind wütend, bis diese Wunden sich nicht mehr schließen und die Landschaft stirbt.

In den letzten Jahren, genau seit 1981, kommen immer weniger deutsche Gäste nach Österreich. Die aufgescheuchten Tourismusexperten nennen dafür Gründe: die Weltkriegsgeneration stirbt langsam aus, die österreichische Landschaft zeigt mehr und mehr Umweltschäden, die inzwischen fertiggestellten Transitstraßen machen Österreich zum Durchreiseland nach Italien, die österreichischen Wirte seien nicht mehr so fremdenfreundlich wie früher und so weiter. Anstatt zu fragen, ob diese touristische Begegnung zwischen Deutschen und Österreichern nicht anders stattfinden könnte, als nach den Regeln der Anpassung und damit der Verachtung, intensivieren sie ihre Managerbemühungen und ihre Sprache: »Die Berge könnten wieder einsteigen. Die Berge als erlebnisorientierte Alternative präsentieren, Animation zu vermehrtem Tun, zu vermehrten Erlebnissen in den Bergen.« Ja, was sollen wir denn noch tun? Noch mehr Berghotels bauen, noch mehr Skilifte errichten? Oder sollen wir unsere letzten Resis, statt einer Viertelstunde hinter die Büsche, tagelang mit dem Göttinger Studenten in die Berge schicken, damit er endlich zu vermehrtem Tun kommt?

Im Zeitalter der industriellen Befriedigung von Urlauberwünschen können andere, was wir nicht mehr können, und sie können es billiger. So wie die amerikanische Firma SANIPED ihre Produktionsstätte vom Burgenland nach Spanien verfrachtet hat, weil ihr die österreichischen Arbeiter schon zuviel kosten, so läßt sich der deutsche Tourist den Katalog mit den thailändischen Madln und Buam inzwischen aus Bangkok schicken. Die sind auch immer geil, kosten weniger als die österreichischen Resis und leisten mehr, weil sie aus einem echten Entwicklungsland kommen. Unser letzter Versuch, verlorenes Terrain wieder aufzuholen, indem wir einen Mann zum Bundespräsidenten gewählt haben, der unsere Vergangenheit repräsentiert, aber mit der Diskretion und Gewandtheit eines Oberkellners darüber hinweggehen kann, ist uns in den Augen der Welt schon wieder übelgenommen worden.

Auch ich bin ein Gefangener meiner Biographie. Mein Vater war ein italienischer Gastarbeiter. Der Mechanismus von Anpassung und Verachtung, den ich beschrieben habe, gilt nur für zahlende Fremde. Wer nur ein Fremder ist, den trifft nur die Verachtung. Ich weiß, daß sich zu allen meinen Ausführungen ein Gegenbeispiel finden läßt. Aber die Regeln, nach denen diese touristische Begegnung seit etlichen Jahrzehnten zwischen Deutschen und Österreichern abläuft, werden dadurch nicht außer Kraft gesetzt. Ich bin für das Ende dieses Tourismus und für das Ausprobieren eines anderen. Die Fremden, die uns nichts bezahlen können, die uns aber etwas geben könnten, wohnen gleich um die Ecke.

(1986)

Helmut Qualtinger

Verehrte Theaterbesucher!
Liebe Freunde!
Der Österreicher Helmut Qualtinger ist tot. Ob er dieses Land geliebt hat, weiß ich nicht. Ich weiß, daß dicses Land ihn geliebt hat und ich glaube, daß diese Liebe von jener Art war, die einen Menschen zum Ersticken bringen kann. Helmut Qualtinger ist viele Tode gestorben, wovon sein letzter, der physische, nur der öffentliche und folglich auch der offiziell beklagbare ist.
Man hat Qualtinger mit Nestroy verglichen, ich vergleiche ihn mit Bert Brecht. Das Böse, oder besser gesagt, das Bösartige und die Bösartigen hatten in Qualtingers Werken durchaus Name und Adresse. Als die Gemeinten mit den wohlklingenden Namen Ende der fünfziger Jahre seine Garderobe betraten, um ihn mit jener österreichischen Liebe zu umarmen, welche Zuwendung vorgibt und Erstickung will, verließ er das Kabarett. Je öffentlicher er wurde, desto umfassender kam dieser tödliche Mechanismus in Gang. Eine ganze Nation verlieh ihm – ungefragt – die kumpelhafte Bezeichnung »Quasi«, weil sie nicht hören wollte, was er sagte, sondern nur »wie« er es sagte. Sie liebte seine Erscheinung, sie verniedlichten seine Person, um den erschreckenden Inhalten seiner Sätze zu entkommen. Wenn ich mit ihm herumzog und ihn diese ungebetene Liebe buchstäblich umfing, und er nicht aufhörte zu saufen und sich selbst zu zerstören, hatte ich manchmal das Gefühl, er wollte das Objekt dieser Umarmung, seine Erscheinung, seinen Körper vernichten, um ihr endlich zu entgehen.
Es wurde immer wieder gesagt, Helmut Qualtinger verkörpere das Österreichische, ja er sei die Inkarnation des Österreichers schlechthin. Auch dieses Urteil bedeutet eine Immunisierung, eine Erstickung. Helmut Qualtinger hat öster-

reichischen Figuren seinen Körper, seine Stimme, sein Gesicht »geliehen«, aber sein Geist war von ganz und gar unösterreichischer Art. Er war unfähig zu vergessen, unfähig zu verdrängen. Wer ihn näher kannte, weiß, wie sehr sein Kopf ein einziges Lexikon war: angefüllt seit Jahrzehnten mit all der Niedertracht und den Niederträchtigen dieses Landes, abrufbar in verzweifelten Tages- und Nachtstunden.

In den Kommentaren zu Qualtingers Tod steht immer wieder: »Er wird uns unvergeßlich bleiben«. Das ist ein Satz wie ein Grab, in dem schon mehr verschwunden ist als ein Mensch. Was soll uns unvergeßlich, also lebendig bleiben? Jenes lieb gewordene Bild vom »Quasi«, an dem sich nun jeder bis zur absoluten Beliebigkeit bedienen kann, oder die Sätze des Schriftstellers Helmut Qualtinger, die treffen, ja verletzen wollen?

Durch den Tod Helmut Qualtingers und durch üble Unterstellung kam dieser Theaterabend in ein merkwürdiges Licht: als wären seine Produzenten hurtige Arrangeure einer literarischen Totenfeier, sein Hauptdarsteller der Schnellste im Nachfolgespiel.

Nichts von alledem ist der Fall. Diese Aufführung ist von Helmut Qualtinger gewollt, er hat sich noch vor zwei Wochen nach dem Fortgang der Proben erkundigt. Der Schauspieler Erwin Steinhauer will mit »seiner« Art, mit »seinen« Fähigkeiten, mit »seiner« Überzeugung für das Werk eines großen Schriftstellers eintreten.

Helmut Qualtinger ist tot, und das ist mehr als traurig. Wenn wir den Schriftsteller Qualtinger wirklich leben lassen wollen, dann müssen wir endlich auf- und annehmen, wovon dieser Schriftsteller redet: das ganze Ausmaß jener politischen und menschlichen Schweinerei, die unter uns lebt und vielleicht auch in uns lebt. Ich wünsche Ihnen und mir die Bereitschaft dazu. Danke fürs Zuhören. (1986)

Waldheim II

Liebe Freunde,
wir sind nicht im Auftrag des Jewish World Congress hier, wir sind weder seine Agenten noch sein Sprachrohr. Wir sind auch keine vaterlandslosen Gesellen und Antidemokraten, als die uns der Generalsekretär der ÖVP im heutigen Morgenjournal bezeichnete. Wir sind hier, weil wir eine der wichtigsten menschlichen Eigenschaften hochhalten wollen, nämlich die Fähigkeit des Erinnerns. Wir sind hier, weil wir Herrn Waldheim, der zur Stunde gerade unser aller Bundespräsident wird, zu dieser Fähigkeit verhelfen wollen.
Wir möchten Herrn Waldheim daran erinnern, daß er gerade Präsident einer Republik wird, die nur wiedererstehen konnte, weil es im Unterschied zu ihm Menschen gab, die ihre Pflicht gegenüber dem Hitler-Regime nicht erfüllt haben.
Wir möchten Herrn Waldheim daran erinnern, daß der Faschismus nicht nur aus seinen großen Verbrechen bestand, sondern im wesentlichen und in der Summe von jenen Opportunisten getragen wurde, zu denen auch Sie, Herr Waldheim, gehörten.
Wir möchten Herrn Waldheim daran erinnern, daß in diesem Lande noch immer Juden leben und daß diese Juden durch die Wahlkampagne, die den Antisemitismus bewußt schürte, wieder Angst bekamen.
Wir möchten Herrn Waldheim daran erinnern, daß die Gefallenen des Zweiten Weltkriegs und die vom Nazi-Regime Verfolgten und Ermordeten nicht unter einem Opferbegriff summiert werden können.
Wir möchten Herrn Waldheim daran erinnern, daß dieses Pferd, das mein Freund Hrdlicka und ich hier aufgestellt haben, noch immer seinen Reiter sucht. Wir werden dieses Pferd zu allen öffentlichen Auftritten des Herrn Waldheim

führen. Es soll Herrn Waldheim daran erinnern, daß man seine Vergangenheit nicht durch Lüge und Verdrängung loswerden kann.
Wir planen ab dem Herbst eine ganze Reihe von Aktionen, die alle dem Zweck dienen, das Erinnerungsvermögen des Herrn Waldheim zu fördern. Wir fordern alle Lehrer und Beamten in den österreichischen Amtsstuben auf, das Bild des neuen österreichischen Bundespräsidenten verkehrt aufzuhängen, bekanntlich hebt eine rasche Blutzufuhr zum Kopf das Erinnerungsvermögen. (1986)

Staatsveredelung oder Die Kritik muß jetzt aufhören

»Es geht nicht an, daß der gewählte Bundespräsident da und dort, auch von offiziellen Stellen, noch immer indirekt kritisiert wird. Das kann nicht sein! Wenn mich 54 Prozent der Landsleute gewählt haben, dann muß das aufhören.«
In diesen pathologischen Sätzen, die Kurt Waldheim anläßlich eines Interviews äußerte, steckt das ganze österreichische Drama. Ein Mensch, der sich während seines Wahlkampfs von Lüge zu Lüge hantelte, ist, kaum hat er das Staatsgewand an, ein anderer, ein unkritisierbarer, ein immuner geworden.
In der Mittelschulzeit schrieben mein Freund Peter Storfa und ich einen Artikel in der Schülerzeitung gegen einen unserer Professoren. Wir warfen ihm vor, ein alter und neuer Nazi zu sein. Beim nächsten Elternsprechtag wies er meine Mutter zurecht. Er sei – durch ein Rehabilitationsver-

fahren – wieder in den Staatsdienst aufgenommen worden und verbitte sich daher jegliche Kritik.
Bei einer Lesung in Kufstein in Tirol geriet ich mit einem Zuhörer in einen heftigen Disput. Mitten im Streit flüsterte mir der Organisator der Veranstaltung ins Ohr, ich möge meine Worte mäßigen, der Herr sei ein Landtagsabgeordneter.
Wer also den Staat trägt oder nur mitträgt, wer also ein Amt hat, der hat auch eine besondere Würde: eine unantastbare. Der Staat als große Veredelungsmaschine.
Um diese spezifisch österreichische Form der Entrückung zu verstehen, ist ein kurzer historischer Ausflug notwendig. Der Österreicher hat in diesem Jahrhundert fünf verschiedene Staatsformen erlebt. Man könnte daher annehmen, er habe vom Staat einigermaßen genug, das Gegenteil ist jedoch der Fall: es ist den Herrschenden aller fünf Staatsformen gelungen, ihr übles Tun unter einem edlen Namen zu verkaufen. Je gieriger, je hemmungsloser ihr Treiben war, desto mystischer die Begriffe, die solches Treiben rechtfertigten. In der Monarchie waren es Gott, Kaiser und Vaterland, in deren Namen die Landbesitzer und Fabriksherren ihre staatsgesegnete und unselige Ausbeutung betrieben.
In der Ersten österreichischen Republik war der Kaiser tot, blieben also Gott und Vaterland. Die Bourgeoisie der Ersten Republik schlug mit ihren blutrünstigen Heimwehren solange auf eine immer stärker werdende Arbeiterschaft ein, bis von deren Organisationen nichts mehr übrigblieb. Dabei ging der Staat gleich mit drauf und man gründete sich einen eigenen: im Namen Gottes und des Vaterlandes den klerikalen, vaterländischen Staat faschistischer Prägung.
Der Durchschnittsösterreicher hat daraus gelernt: wenn die Mörder auf seiten des Staates sind, haben Gott und die Gerichte nichts gegen sie. Es war also zweckmäßig, das Abzeichen der Vaterländischen Front zu tragen, egal was man dachte oder fühlte.

Zwei Gruppen waren aus dieser Vaterländischen Front ausgeschlossen. Die Roten, weil sie ja laut ihrem Programm Internationalisten waren, und die Juden, weil sie ja schon seit zweitausend Jahren Internationalisten sind. Wenn trotzdem ein Jude etwas Öffentliches und Wichtiges tat, wurde er nie ohne das Attribut »jüdisch« zitiert. Schon in den dreißiger Jahren war vom »jüdischen« Rechtsanwalt, vom »jüdischen« Bankier, von »jüdischen« Beamten die Rede, was unter augenzwinkernden Österreichern schon immer geheißen hat: der ist zwar dabei, aber er gehört nicht dazu.

Als die deutsche Bourgeoisie Appetit auf die österreichischen Vorräte bekam, als der große Hai den kleinen fraß, als im Zuge des Anschlusses Österreichs an das Deutsche Reich die Gold- und Devisenbestände der österreichischen Nationalbank ausgeräumt wurden, als IG Farben und die Berndorfer Metallfabrik von Dynamit Nobel und Krupp geschluckt wurden, ließ diese deutsche Bourgeoisie ihr niederes Treiben von einem Herrn ausführen, der einen besonders hohen Absender vorzuweisen hatte: die Vorsehung.

In diesem Namen agierte der neue Staat und der gelernte Österreicher agierte, so schnell er konnte, mit. Wenn Kurt Waldheim der Welt weismachen will, er sei in die diversen Naziorganisationen – ich weiß nicht wie – hineingelangt, daß ihn quasi sein Pferd hineingeritten hätte, so ist das Gegenteil wahr. Als klerikaler Vaterländischer mit Karriereambitionen hatte er allen Grund, schleunigst vom österreichischen Gott zur deutschen Vorsehung überzuwechseln.

Drei Monate nach der Einverleibung Österreichs in das Deutsche Reich verfügte die Wiener Parteiorganisation der Nazis einen Aufnahmestopp. Zu viele Österreicher wollten zu schnell unter das neue Staatsgewand schlüpfen.

Der Vorwurf der Welt an Kurt Waldheim, er sei, wenn schon nicht Mittäter, so zumindest Mitläufer des Nationalsozialismus gewesen, zeugt von tiefer Unkenntnis des österreichischen Wesens. Für Waldheim bestand die Katastrophe nicht etwa darin, unter den Staatsmantel der faschistischen Barbarei gelangt zu sein, im Gegenteil, das Schlimme für ihn wäre gewesen, wenn er darunter keinen Unterschlupf gefunden hätte, wenn er seine Pflicht nicht hätte tun können. Denn der Staat, auch der verbrecherischste, veredelt jegliches Tun.

Ich bin nach dem Kriege in einem Kärntner Dorf aufgewachsen, mein Vater war ein italienischer Gastarbeiter. Das erste Antlitz des nunmehr demokratisch gewordenen Österreichs, welches ich zu sehen bekam, waren die Gesichter der Dorfhonoratioren am Stammtisch des Dorfgasthauses. In ihnen spiegelte sich keine Trauer über das soeben erlebte Grauen wider, keine Schuldbekenntnisse waren von ihnen, den Mitverschuldern des Grauens, zu hören. Selbstzufrieden und unantastbar teilten sie sich die neue Macht im Namen des neuen Staates. Aus dem Ortsgruppenleiter wurde der neue Bürgermeister, aus dem nationalsozialistischen Lehrer der neue Schuldirektor. Der neue demokratische Staatsmantel öffnete sich weit und verzeihend über alle Verächter der Demokratie. Die ersten Jahre der Zweiten österreichischen Republik dienten der moralischen und politischen Rettung der Nazis. Wozu also trauern, wenn der neue Staat sie dringend zum Aufbau dessen brauchte, was sie soeben zerstört hatten.

In den Archiven des Wiener Rathauses befindet sich eine Sammlung von Tagebüchern Wiener Bürger, in denen sie zumeist die letzten Kriegsmonate und die ersten Monate nach der Befreiung beschreiben. Ich habe diese Tagebücher gemeinsam mit dem Autor Rudi Palla studiert, wir suchten authentisches »Material« für eine geplante Fernsehserie. In einigen dieser Tagebücher trat Bemerkenswertes zutage. Noch in den letzten Tagen der Naziherrschaft schrieben die Eintrager von ihrer Hoffnung, daß dieses Reich nicht untergehen möge, und nur wenige Tage nach dem Einmarsch der

Roten Armee und den ersten Ordnungsversuchen der »österreichischen Freiheitsfront« wollten sie sich der »neuen Ordnung zur Verfügung stellen«. Wenn man davon ausgeht, daß Notate in einem Tagebuch ein hohes Maß an subjektiver Wahrheit beinhalten, weil sie eine private und nichtöffentliche Mitteilung darstellen, so ist aus der Überlebensstrategie des Durchschnittsösterreichers, der zweckmäßigen Anpassung an jeglichen Staat, nunmehr auch ein privater Mechanismus geworden. Es ist nicht mehr nur eine äußere Notwendigkeit, schnell unter das neue Staatsgewand zu schlüpfen, es ist auch ein »inneres« Bedürfnis geworden.

Die einst so stolze österreichische Bourgeoisie des Ständestaates – eins mit Arbeitermördern, Gott und Vaterland – war inzwischen arg zerzaust worden. Sie war vom großen Täter zum kleinen Ganoven herabgesunken und konnte ihre Position nur noch in Ministerien und mittleren Unternehmen behaupten. Wie alle kleinen Ganoven hatte und hat sie das dringende Bedürfnis, sich einem starken Obergangster anzuschließen, der ihr auch in Gestalt des amerikanischen Big Business Boss zuteil wurde. Ihm diente und dient sie aufs unterwürfigste, ja geradezu speichelleckerische Art und Weise. Wer das Zusatzabkommen zum österreichischen Staatsvertrag, das sogenannte »Züricher Memorandum« liest, weiß, wovon ich hier rede. In diesem Abkommen werden den amerikanischen Konzernen Schürfrechte für Erdgas und Erdöl auf österreichischem Territorium eingeräumt, auf unbestimmte Zeit und für einen geradezu lächerlichen Förderzins.

Solange diese neue Gangstergemeinschaft nicht begriff, daß die nunmehr in den Staat und unter den Staatsmantel drängende Sozialdemokratie ihr bei ihren Raubzügen keine wesentlichen Fallen stellen werde, bekämpfte sie sie. Renner war wenigstens ein ehemaliger Großdeutscher, Körner immerhin ein General, aber Jonas war nur ein

Schriftsetzer. Als er Bundespräsident wurde, übergoß ihn die öffentliche Meinung – die in Österreich immer eine bürgerliche ist – mit Spott und Hohn. Ich erinnere mich an Legionen von Witzen über Franz Jonas und dessen Frau Grete, die nur eines zum Ziel hatten: sie sollten aufzeigen, welch unwürdiger Prolet sich unter das würdige und immunisierende Staatsgewand geschlichen habe. Als die Gangstergemeinschaft im Laufe der Zeit jedoch merkte, daß mit den Roten durchaus wie unter Brüdern zu reden war, ja einige der Roten sogar zu Brüdern wurden, ließen die Animositäten nach. Der Steuerhinterzieher Androsch ist ein Liebkind der österreichischen Industriellenvereinigung und nicht nur dieser.

Natürlich war die neue Gaunerei nicht mehr durch alte Mystifikation zu legitimieren. Kaiser, Gott, Vaterland und die Vorsehung hatten ausgedient. Ihr letzter Sendbote wurde als pathologischer Wüstling hingestellt und der Faschismus kurzerhand zum Betriebsunfall der Geschichte verniedlicht. Der neue Staat schwor auf Kompetenz und Sachlichkeit, seine Träger waren Diplomkaufleute, ihr Ziel der allgemeine Wohlstand, der Wohlfahrtsstaat. Wer es bis zum Verteilerkopf an den Kassen des Wohlfahrtsstaates brachte, der schaffte sich in der Tat einen umfassenden Wohlstand.

Auch die Journalisten dieses Landes haben – mit wenigen Ausnahmen – nichts als die Wohlfahrt des Staates im Auge. Ihre Kritik enthält immer auch einen Vorschlag, wie es dem Staat besser gehen könnte. Ihre Ratschläge an diesen oder jenen Minister, an diesen oder jenen Staatsfunktionär klingen so, als müßten sie, die Journalisten, demnächst dieses verantwortliche Amt übernehmen, was ja auch tatsächlich immer wieder passiert. Ältere Journalisten haben ihren verantwortlichen Blick im Laufe der wechselhaften Geschichte Österreichs schon verschiedenen Staaten zugewendet. Sie waren Propagandisten der Vaterländischen Front, Durch-

halteparolenschreiber bei den Nazis und Kassandras in der neuen Demokratie. Der Staat, egal welcher, ist ihnen eben in Fleisch und Tinte übergegangen.
Die Gattin Kurt Waldheims, eine gewisse Sissy, sagte in einem Interview, die Zeit des Wahlkampfes sei für ihren Mann die schrecklichste seines Lebens gewesen. Nicht etwa für die überlebenden Juden, deren Eltern und Verwandte durch einen Staat ausgerottet wurden, in dem Menschen wie Kurt Waldheim nur ihre Pflicht getan hatten, schrecklich nicht etwa für die kleine jüdische Kolonie im heutigen Österreich, die wieder das Fürchten lernte, als sie der Antisemitismus, den Waldheim und seine Partei schürten, einholte; nein, nicht sie hatten eine schreckliche Zeit, sondern er, Kurt Waldheim. Ich glaube seiner Gattin aufs Wort. Er vertrat nicht mehr die Mitgliedsstaaten der UNO und noch nicht den österreichischen Staat. Zwischen dem entzogenen Weltschreibtisch und dem noch nicht zur Verfügung gestellten Staatsschreibtisch fiel er in ein Loch. Er war in einem buchstäblichen Sinne staatenlos geworden, der schlimmste Zustand für einen Österreicher seiner Prägung. Alle seine Sätze, gesprochen als Privatmann, fielen im Angesicht der Welt auf ihn als das zurück, was sie waren: hundsgemeine Lügen. Mit dem Eintritt in die Hofburg war alles anders. Jetzt hat ihn der Staat wieder und er den Staat. Die Immunisierung, die Staatsveredelung beginnt. Die Kritik an ihm muß aufhören, es kann sie nicht mehr geben. (1987)

Sozialschmarotzer?

Liebe Freunde!
Ich beginne mit einem Gedicht.

So um die Mitte sechzig
ein Jährchen auf oder ab
da brachte die Gesellschaft
den Arbeitsmann auf Trab.

Du warst so lang im Dunkeln.
Komm in den hellen Schein.
Du darfst von nun an glücklich
und Wohlstandsbürger sein.

Du kannst jetzt alles haben.
Sei tüchtig und mach mit.
Als Eintrittskarte nimmst du
den zinsbegünstigten Kredit.

Du brauchst nicht mehr zu denken.
Das macht dein Gewerkschaftsboß.
Er diniert jetzt beim Unternehmer
und verbessert täglich dein Los.

Trallala, trallala, trallala.
Die neue Zeit war da.
Bruder komm her
und verzehr.

Der Bruder ist gekommen.
Er hat sich was genommen.
Ein Häuschen, drei Wochen am Meer.
Dankeschön. Aber bitte sehr.

Der Bruder war sehr tüchtig.
Es ging sich ganz knapp aus.
Es gibt zwar noch offene Raten.
Aber bald gehört ihm das Haus.

Trallala, trallala, trallala.
Die gute Zeit ist da.
Bruder mach mit.
Halt Schritt.

Wir schreiben jetzt siebenundachtzig.
Im Jahr der koalierenden Herren.
Die möchten jetzt lieber selber
den ganzen Kuchen verzehrn.

Die Arbeitskraft ist zu teuer.
Posaunen sie in die Welt.
Die Arbeiter arbeiten doppelt
fürs halbe Geld.

Wir schreiben jetzt siebenundachtzig.
Das Spiel ist langsam aus.
Der Bruder verliert seine Arbeit
und sitzt im verschuldeten Haus.

Damit wir sein Elend nicht spüren.
Bekommt er den Spott und den Hohn.
Er ist ein Sozialschmarotzer
und lebt von unserem Lohn.

Er braucht nicht mehr zu hoffen
auf seinen Gewerkschaftsboß.
Der ist jetzt selbst Unternehmer
und privatisiert drauf los.

Trallala, trallala, trallala.
Die neue Zeit ist da.
Bruder geh weg.
Und verreck.

Damit wir überleben können
müssen wir uns von dir trennen.
Jeder Dritte wird es wohl sein.

Bruder geh weg
und verreck.

Liebe Freunde!
Die Sanierung und Rationalisierung in der verstaatlichten Industrie zerstört nicht nur Arbeitsplätze, sie zerstört Menschen. Sie raubt diesen Menschen nicht nur ihre tägliche Arbeit, sie raubt ihnen ihre Geschichte.
Diese Geschichte steht in keinem offiziellen Papier. Sie beginnt beim Abschied vom elterlichen Bauernhof, setzt sich fort mit dem Eintritt in die großen Hallen, der Verunsicherung und Fremdheit in den ersten Arbeitswochen, mit den Spannungen im Dorf, weil man nicht mehr Bauer und noch nicht Arbeiter ist, mit dem Erwerben von Fähigkeiten und Zuständigkeiten in der Fabrik, mit dem Stolz auf die eigene Leistung, mit der Nähe zum anderen. Diese Nähe erzeugt Zugehörigkeit und Streit, eine eigene Sprache, einen eigenen Witz. Und plötzlich bleibt diese Geschichte stehen, endet in Ohnmacht und Verzweiflung, weil alles überflüssig geworden ist, die Fähigkeiten und die Zugehörigkeit von heute auf morgen. Man möchte aufschreien, aber niemand ist da, der diesen Schrei wahrnehmen will und so verstummt er in einem selbst. Im politischen Schlagwort von den »notwendigen Kündigungen« steckt das Wort Not, aber die Not soll versteckt bleiben. Das Schicksal des Einzelnen,

welcher doch angeblich im Mittelpunkt der Politik steht, fällt durch das grobe Raster der politischen Sprache. Was oben bleibt, sind Zahlen, was unten bleibt, sind Menschen, was verschwiegen wird, ist ihre Geschichte. Wenn diese Geschichte für Momente öffentlich wird, wenn diese Menschen in Arbeitsämtern und Sozialstellen auftauchen, so werden sie als Sozialschmarotzer diffamiert. Nicht nur die Arbeit, auch die Würde wird ihnen genommen.

Ich frage mich, warum eine Partei, die sich eine sozialistische nennt, diesem materiellen und seelischen Raub nichts anderes entgegenzusetzen hat, als das Schlagwort von der »wirtschaftlichen Effizienz«, welches wie eine neue Heilslehre verkündet wird. Ich frage mich, warum eine Gesellschaft, die sich eine christliche nennt, auf die Sorgen der Betroffenen mit nichts anderem reagieren will, als mit kaltem Herzen.

Eine Kunst, die nicht nur sich selbst, sondern vor allem die Menschen, von denen sie spricht, ernst nimmt, kann dazu beitragen, die verstümmelte, verdrängte, verschwiegene Geschichte dieser Menschen öffentlich zu machen. Vor allem aber können es die Betroffenen selbst.

Ich begrüße diese Konferenz, weil sie einen wesentlichen Versuch darstellt, dem offiziellen Schweigen über die wirklichen Zustände öffentliches Reden entgegenzuhalten. Ich begrüße den Mut der Betroffenen, aus dem Gefühl der Verzweiflung und der Ohnmacht herauszutreten und öffentlich über die eigenen Erfahrungen und Gefühle zu reden. Ich begrüße das Unterfangen der anwesenden Wissenschaftler, die Geschichte und die Bedeutung der verstaatlichten Industrie als eine darzustellen, die es nicht verdient hat, als Krempel auf den freien Markt geworfen zu werden. Ich begrüße die zunehmende Bereitschaft der Kollegen, im anderen Kollegen nicht mehr den Feind zu sehen. Ich begrüße euch alle. Danke fürs Zuhören. (1987)

Die Wahrheit ist zumutbar

Liebe Freunde!
Die Wahrheit ist den Menschen zumutbar. Die Wahrheit ist Kurt Waldheim zumutbar. Sie läßt sich durch seine immer geschickteren Erklärungen nicht verwischen. Sie schimmert durch seine leeren Sätze und trägt das Antlitz der ermordeten Kinder von Kozara.
Die Wahrheit ist der Österreichischen Volkspartei zumutbar. Sie hat die Saat des Antisemitismus verstohlen gesät und am Wahltage gierig geerntet. Sie vergißt und will vergessen machen, daß es vor dem Hitlerfaschismus einen christlichen Faschismus in diesem Lande gab. Der österreichische Faschismus war nie so schlimm wie der deutsche, aber Zwillinge bleiben Zwillinge, ob der eine nun groß und der andere klein ist.
Die Wahrheit ist der sozialistischen Partei zumutbar. Sie hat die Faschisten der Zweiten Republik immer offen und ablehnend angeschaut, an Sonntagen. An politischen Wochentagen zwinkert ihr Auge. Sie hat viele Anstrengungen unternommen, sie hat große und kleine Posten vergeben, damit sich Ehemalige bei ihr wieder zuhause fühlen konnten. Wie viele Anstrengungen hat sie unternommen, damit sich vertriebene Juden in diesem Lande wieder zuhause fühlen konnten? Mehr als fünfzig Jahre nach ihrer Vertreibung kommt eine österreichische Jüdin nach Wien und in den Club 2. Die Frau weint und Österreich weint mit. Es ist in der Tat zum Weinen.
Die Wahrheit ist den Menschen zumutbar. Sie ist der katholischen Kirche, ihrer Hierarchie zumutbar. Heute schmückt sich diese Hierarchie mit einigen Aufrechten, mit ihren Opfern. Das kostet keinen Preis. Als diese Aufrechten zu Opfern wurden, ist die Hierarchie der katholischen Kirche nicht zu diesen Menschen gestanden, das hätte einen Preis gekostet.

In diesen Gedenktagen ist das offizielle Österreich, das volksparteiische, das sozialdemokratische, das klerikale geschlossen und geeint gegen alles Diktatorische und gegen alles Antisemitische. Man sieht es ihren Mienen an: Das Zeitalter des Bekennens ist ausgerufen, aber eine Minute der Selbsterkenntnis hat in diesem Lande noch nicht stattgefunden.
Die Wahrheit ist auch meiner Generation, den zu Ende des Krieges Geborenen, zumutbar. Was soll die theoretische Frage an uns selbst, ob wir im Jahre 38 feige oder mutig gewesen wären, wo die Frage doch nur lauten kann, ob wir heute feige oder mutig sind. Wir sind es, vor deren Augen die Zweidrittelgesellschaft, die seelische und ökonomische Vertreibung von Arbeitern, von Mitmenschen, vorbereitet wird. Diese Gedenktage haben keinen Sinn, wenn wir nur über das Vergangene nachdenken. Wenn wir es nur besser wissen, aber nicht besser machen, dann sind auch wir eine schuldige Generation.
Ich danke euch fürs Zuhören! (1988)

Staatstheater
Ein Minidrama

1. Akt
Im Burgtheater. Bundespräsident Kurt Waldheim und Herrmann Göring sitzen in einer Loge. In einer Nebenloge sitzen Bundeskanzler Vranitzky und Vizekanzler Mock. Der Vorhang hebt sich. Claus Peymann liegt mit heruntergelassener Hose auf Paula Wessely.

Peymann (zu Wessely) O Paula.
Wessely (zu Peymann) O Claus.
Herrmann Göring springt auf und schreit in den Saal.
Göring Das ist unerhörrrrrt ...!
Wessely (in Richtung Loge, mit melodischer Stimme) Einer nach dem andern, ja?

2. Akt

Im Pausenfoyer des Burgtheaters. Kurt Waldheim steht mit heruntergelassener Hose an der Wand. Die Theaterbesucher nehmen kaum Notiz von ihm.
Waldheim (mit weinerlicher Stimme) I am Jewish. Look, I am Jewish.
Zwei Wiener promenieren vorbei und werfen einen kurzen Blick auf Waldheim.
Ein Wiener (zum anderen, mit leicht verächtlichem Ton in der Stimme) Deitsches Regietheater.

3. Akt

Nach der Premiere im Cafe Landtmann. Christiane Schneider, die Sekretärin von Claus Peymann, stürzt aufgeregt ins Cafe Landtmann.
Schneider Herr Peymann, Herr Peymann, Herr Waldheim hat im Foyer seine Hose heruntergelassen.
Peymann Aber das war doch ich auf der Bühne.
Göring (vom Nebentisch) Das war doch ich in der Garderobe.
Ein Billeteur (von einem anderen Tisch; er hält sich an seiner Uniformhose fest) Ich war es nicht.
Fred Sinowatz, Parteivorsitzender der SPÖ, steigt auf einen Cafehaustisch und läßt seine Hose herunter.
Sinowatz Für den Zeitgeist tu ich alles.
Christiane Schneider, Peymanns Sekretärin, beobachtet fassungslos die österreichische Szenerie.
Der Ober (zu Frau Schneider) Was darf's für Sie sein, Gnädigste?

Schneider Einmal Wien-Bochum, bitte.
Ober Einfach oder retour?
Schneider Einfach.

4. Akt

Drei Uhr früh. Der Chefdramaturg Uwe Jens Jensen sitzt in seinem Dramaturgenzimmer im Burgtheater. Vor ihm eine Flasche Jubiläumsrebe. Er übt ein Wienerlied.

Jensen (mit norddeutschem Akzent) I bin a echts Weana Kind...

Robert Jungbluth, Generalsekretär der Bundestheaterverwaltung, schaut kurz herein.

Jungbluth Ich schau nur kurz rüber in die Josefstadt.
Jensen Tschüß Robert.
Jungbluth Tschüß Uwe.
Jensen (mit norddeutschem Akzent) I bin a echts Weana Kind...

5. Akt

Sieben Uhr morgens. Zwei jugoslawische Gastarbeiter, ein älterer und ein jüngerer, schaufeln Schnee vor dem Burgtheater.

Der Ältere Da soll ja gestern ein tolles kulturelles Ereignis über die Bühne gegangen sein.
Der Jüngere Und du warst nicht dabei?
Der Ältere Ich habe meine Loge dem Bundespräsidenten überlassen.
Der Jüngere Wie generös.
Der Ältere Seit er uns 1942 in Bosnien besucht hat, war ich ihm noch etwas schuldig.

6. Akt

Elf Uhr vormittags. In der Virologischen Station des Allgemeinen Krankenhauses. Kanzler Vranitzky und Vizekanzler Mock stehen vor dem Tisch eines Turnusarztes. Der

Turnusarzt macht Eintragungen in eine Tabelle. Schweigen. Der Kanzler räuspert sich. Der Vizekanzler ahmt das Räuspern des Kanzlers nach. Der Kanzler ahmt das Räuspern des Vizekanzlers nach usw.

Der Turnusarzt (ohne aufzuschauen) Tuberkulös?

Kanzler und Vizekanzler (gleichzeitig) Wir wollen uns einem Aids-Test unterziehen.

Der Turnusarzt (schaut die beiden an) Gehören Sie zu einer Risikogruppe? (1988)

Österreich, Wien, Burgtheater, Peymann

Meine Damen und Herren! Was immer ich Ihnen erzähle, glauben Sie mir kein Wort, es ist alles erfunden, es ist Vorstellung, es ist alles Theater.

Vorhang auf. 7. April 1926. Der Geist des Burgtheaters erscheint. Er ist 150 Jahre alt. Er spricht, mit sonorer Stimme, von sich. Er sei das Unerklärliche, das in der Zeit Stehende und doch der Zeit Entrückte, er sei nicht der vierte, nicht der dritte, nicht der zweite Geist unter den deutschen Theatergeistern, er sei der erste. In ihm finde das österreichische Wesen seinen tiefsten Ausdruck.

Der Justizpalast brennt. Arbeiter aus den Wiener Außenbezirken rennen schreiend durch die Innenstadt. Die berittene Polizei verfolgt sie. Sie schlägt mit Säbeln auf die laufenden

Menschen ein. Sie beginnt zu schießen. Vier verwundete Arbeiter retten sich in das Innere des Burgtheaters. Sie werden in der Portierloge auf Tragbahren gelegt und dort liegengelassen. Im Hause läuft die Sommerkomödie »Adam und Eva«. Es ist der 15. Juli 1927. An diesem Tag werden in Wien 85 Menschen von der Polizei umgebracht. Vier Tage später verbucht die Bundestheaterverwaltung 15 Schilling und 70 Groschen für die Reinigung der Portierloge.

Weihnachten 1930 steht vor der Tür und die Arbeitslosigkeit in Wien erreicht einen neuen Höhepunkt und Carl Ebert, der Intendant des Darmstädter Theaters, steht vor der Tür von Generaldirektor Schneiderhan, dem Chef der Bundestheaterverwaltung. Ebert soll neuer Burgtheaterdirektor werden. Schneiderhan läßt ihn warten. Er telefoniert. Sein Telefonpartner liest ihm aus einer Darmstädter Zeitung vor. Darin steht, daß Ebert Sympathien für eine Gruppe junger Arbeiter bekundet hat, die in Schlägereien mit Nazis verwickelt war. Schneiderhan beendet das Telefonat. Er eilt vor die Tür und begrüßt den wartenden Ebert mit ausgesuchter Höflichkeit. Die Verhandlungen zerschlagen sich. Bis zur Bestellung Claus Peymanns vergehen 57 Jahre.

Werner Krauß ist der Gott von Wien und Benito Mussolini der Gott von Italien. Früher oder später müssen sich die beiden treffen. Im Frühjahr 1933 ist es so weit. Die beiden Götter stehen einander im Palazzo Venetia in Rom gegenüber. Krauß hält Mussolini für einen entsprungenen Löwen.

Krauß (zu Mussolini) Sie sind der einzige Löwe, der in unserer zivilisierten Zeit kraft seiner selbst frei herumlaufen darf.
Mussolini (sichtlich geschmeichelt) Grazie, Signore, granzie. (Er nimmt seinen ganzen Mut zusammen) Kennen Sie mein neuestes Stück?

13. April 1933. Mussolini erklärt vor der internationalen Presse, daß Italien, falls nötig, die Selbständigkeit Österreichs mit Waffengewalt verteidigen würde.

22. April 1933. Am Burgtheater findet die Premiere des Stückes »Hundert Tage« von Benito Mussolini mit Werner Krauß in der Titelrolle statt.

12. bis 14. Februar 1934. In Österreich findet ein Bürgerkrieg statt. Ein Teil der Bürger, die Arbeiter, werden besiegt, erschossen, erhängt, ihre politischen Organisationen verboten, und ein anderer Teil der Bürger, die Bürger, errichten eine faschistische Diktatur.

Der Austrofaschismus war die schönste Zeit für das österreichische Bürgertum. Die Kirche, das Kapital und die Kultur waren auf seiner Seite. Schriftsteller, welche in diese Dreifaltigkeit nicht paßten oder nicht passen wollten, kamen auf die schwarze Liste und wurden aus den öffentlichen Bibliotheken entfernt: Brecht, Gide, Kisch, Koestler, Kuh, Mehring, Tucholsky, Kraus, Berta von Suttner, Bettauer, Schnitzler.

Die »Neue Freie Presse«, welche später »Die Presse« heißen wird, ist eine liberale Zeitung. Sie läßt ihre Redakteure im Privatleben sagen, was sie wollen. So versichert Hans Brecka, der Kulturkritiker der »Neuen Freien Presse« dem Sohn von Arthur Schnitzler, Heinrich, daß er privat durchaus ein Verehrer seines Vaters sei, durch die Linie seiner Zeitung aber dazu gezwungen werde, immer wieder gegen ihn Stellung zu nehmen.

Am 15. März 1938 teilt Hitler am Wiener Heldenplatz der Vorsehung und dem österreichischen Volke mit, daß es nunmehr ein deutsches Volk ist. Das Ensemble des Burgtheaters steht geschlossen am Heldenplatz. Wo aber steht Kurt Waldheim? Nicht einmal dem »Spiegel« gelingt es, ihn zu finden. Es stehen einfach zu viele dort.

28. April 1938. An die Herren Blum, Rosenthal, Straßni, Wengraf, Wolf, Zombor und Frau Karoly sowie Frau Hofschauspielerin Else Wolgemuth. Auftragsgemäß kündige ich Ihnen Ihren Vertrag per 30. ds. M. und teile Ihnen gleichzeitig mit, daß Ihre Bezüge zum selben Termin eingestellt werden. Heil Hitler! Die Direktion des Burgtheaters.

14. Oktober 1938. Im Burgtheater findet eine Festveranstaltung statt. Es wird der Prolog von Ingeborg Teuffenbach verlesen, ein hohes Lied auf Adolf Hitler und das »Dritte Reich«. Die Wiener Zeitungen berichten, daß man das berühmte Burgtheaterdeutsch schon lange nicht mehr so hell, so klar, so inbrünstig vernommen habe.

Bis zum Vorwurf an Claus Peymann, in seiner Direktionszeit würde das Burgtheaterdeutsch verkommen, vergehen noch 49 Jahre.

30. April 1945. Der Geist des Burgtheaters tritt auf. Er schaut aus wie der Burgtheaterforscher Hans Blumenberg. Er steht mitten in den Trümmern des Hauses. Er spricht vom Haustheater österreichischer Eigenart, von seiner temporalen Stabilität und von seiner mythischen Qualität.

Zwei Botschaften sandte das Nachkriegsösterreich in die Welt. Die erste: Wir Österreicher sind ein beschwingtes, gastfreundliches und liebessüchtiges Volk von Todeln. So lautet die Grundaussage von 42 österreichischen Spielfilmen, die in der Zeit von 1945 bis 1948 produziert wurden. Die zweite: Wir Österreicher sind eine Kulturnation. In der Zeit von 1945 bis 1955 gibt es am Wiener Ronacher, dem

Ausweichquartier des Burgtheaters, 39 Inszenierungen von Klassikern. Über die Teilnahme Österreichs an den faschistischen Verbrechen gibt es kein Stück, keine Matinee, keine Diskussion.

Am 15. Mai 1955 bekommt Österreich den Staatsvertrag und wird zur ersten von Hitler okkupierten Nation erklärt. Am 14. Oktober 1955 wird das wieder erbaute Burgtheater feierlich eröffnet: Die Bundesregierung und die anwesenden Festgäste erheben sich von ihren Sitzen. Tosender Beifall erklingt. Nicht wenige haben Tränen in den Augen.

Die Kritiker Torberg und Weigel verhindern die Aufführung von Brecht-Stücken am Burgtheater. Ende der Fünfziger und Anfang der Sechziger Jahre gab es in Österreich keine Instanz, vor der sie sich hätten blamieren können.

4. April 1976. Das Burgtheater ist 200 Jahre alt. Die Sozialdemokratie, inzwischen zur Staatsmacht avanciert und zur politischen Beliebigkeit mutiert, entsendet ihren eigenen Burgtheatergeist.

Der Burgtheatergeist (in der Maske von Unterrichtsminister Fred Sinowatz) Was bleibt, ist dieses stolze Theater. Das Burgtheater ist die Helena unter den Theatern. Wir lieben es und umkämpfen es wie ein Absolutum. Dieses Theater, das sind wir alle.

Das Bürgertum und etliche zu ihm gestoßene Sozialdemokraten, die österreichischen Gesellschaftsträger oder solche, die sich dafür halten, kennen einander alle persönlich, sind also eine Tischgesellschaft. Diese Tischgesellschaft wird von drei Maximen zusammengehalten. Erstens von einem unvorstellbaren Größenwahn in allen kulturellen Fragen, zweitens von einem maßlosen Haß auf alles Linke und drittens von sehr guten Tischmanieren. Alle drei Maximen bedürfen einer Erklärung.

Zum kulturellen Größenwahn: Das österreichische Bürgertum, welches im Austrofaschismus ganz verzückt war, da es nichts anderes wahrzunehmen hatte als sich selbst, geriet im Hitlerfaschismus in den Rachen des größeren Haies. Berlin klaute die Gold- und Devisenbestände der österreichischen Nationalbank, Krupp und IG-Farben rissen sich österreichische Firmen unter den Nagel. Von diesem Schlag hat sich das österreichische Bürgertum, zumal das firmenbesitzende, nie mehr so richtig erholt.

In der Zweiten Republik kam ausländisches Kapital, vor allem amerikanisches und deutsches, ins Land. Es wies den österreichischen Herren die zweite Rolle zu, den Prokuristenplatz. Wer auch dafür nicht tüchtig genug war, verschanzte sich in einem österreichischen Ministerium. Aus der Sicht internationaler und europäischer Wirtschaftsmacht war Österreich herabgesunken zur Bananenrepublik, zum Hawaii Mitteleuropas, das vor allem für den Fremdenverkehr taugte. Mögen die fremden Herren Macht und Geld haben, mögen die Amerikaner mit ihren scheußlichen karierten Hosen unser Auge beleidigen, mögen die Deutschen mit ihren Demarks unsere österreichischen Seen und in den letzten Monaten auch noch unsere Zeitungen aufkaufen, eines haben sie nicht. Sie haben keine Kultur. Und sie haben kein Burgtheater.

Ob der österreichische Bürgerschnösel die Bücher in seinem Regal auch liest oder ob er sie nur dort stehen hat, ob er eine Aufführung des Burgtheaters gesehen hat oder nicht gesehen hat, ist völlig unerheblich. Entscheidend ist, daß er, der sonst das zweite Wort hat, hier das erste führt und zwar ständig und ununterbrochen.

Zum Haß auf alles Linke: Wie keine andere Arbeiterbewegung in Westeuropa hatte die österreichische in den Zwanziger Jahren ihre eigene Identität entwickelt. Sie umfaßte alle Lebensbereiche, von Arbeiterwohnungen, den berühmten Wiener Gemeindebauten, bis zur Arbeiterphilatelie. Es bedurfte des Einsatzes von Bundesheer und Polizei, um diese politische und kulturelle Kraft zu vernichten.

In der Zweiten Österreichischen Republik bezahlte die Sozialdemokratie ihren Aufstieg, ihre Teilnahme an der Macht, mit der weitgehenden Aufgabe dessen, was sie einmal war. Heute verkündet sie stolz, daß in Österreich im Jahresdurchschnitt nur eindreiviertel Minuten gestreikt wird. Nichts soll mehr an die kämpferische Arbeiterbewegung der Ersten Republik erinnern, denn diese Erinnerung sitzt tief im Gemüt des Bürgertums und die Angst sitzt gleich daneben.

Zu den guten Tischmanieren: Die österreichische Tischgesellschaft, dieses Kompendium von Postenhabenden und Postenwollenden, weiß sich bei Tisch, also öffentlich, zu benehmen. Da wird kultiviert debattiert, getätschelt und gehätschelt, und fallweise in den Nacken geküßt. Nach Tisch, also nicht öffentlich, wird telefoniert und intrigiert, werden Menschen ausgerichtet und Existenzen vernichtet. Wer die Regeln dieser Tischgesellschaft durchbricht und öffentlich sagt, wen er für wen und was er für was hält, mit dem wird nicht diskutiert, der ist wahnsinnig, der gehört in die Klapsmühle.

Der Burgtheaterdirektor Gerhard Klingenberg (1971–1976) verletzt die erste Maxime. Er zeigt, daß es auch in anderen europäischen Ländern interessante Regisseure gibt und holt sie nach Wien. Nach wütenden Presseangriffen legt er sein Amt ein Jahr vor Ablauf seines Vertrages nieder.

Der Burgtheaterdirektor Achim Benning (1976–1986) verletzt die erste und die zweite Maxime. Er holt nicht nur Regisseure aus westeuropäischen Ländern, sondern auch solche aus der DDR. Er unterwandert die österreichische Akropolis und gibt die Klassiker einigen Kommunisten zur Schändung preis. Nach zehn Jahren beinahe ununterbrochener Angriffe durch Politiker und Zeitungen verläßt er das Burgtheater und Wien.

Der Burgtheaterdirektor Claus Peymann (1986–?) verletzt nicht nur Maxime eins und zwei, sondern die alles entscheidende dritte. Er sagt in einem Interview, also öffentlich, wen er für wen und was er für was hält und daß er manchmal gerne vögeln geht. In Österreich bricht die Staatskrise aus. Wann geht Peymann?

Im September 1986 ist Claus Peymann mit 22 Schauspielern und 7 Mitarbeitern von Bochum nach Wien gekommen. Der Vorsitzende des Vereins der Freunde des Burgtheaters – eine Art Stoßtrupp des Wiener Bürgertums – erklärt im Österreichischen Fernsehen, man werde sich Herrn Peymann schon richten.

Oktober 1986. Die faschistische Vergangenheit Kurt Waldheims und damit Österreichs gerät in die internationalen Schlagzeilen. Claus Peymann erscheint bei einer Festveranstaltung im Hemd, aber ohne Krawatte. Die Zeitungen beginnen zu murren.

Oktober 1987. Claus Peymann stellt den Studenten, welche gegen die Kürzung ihrer Stipendien und gegen Massenentlassungen von Industriearbeitern protestieren, das Akademietheater für eine Veranstaltung zur Verfügung. Im Laufe dieser Veranstaltung bezeichnet eine Wiener Jazzsängerin die Regierungsmitglieder als Arschlöcher. Die Zeitungen schreien auf. Im Unterrichtsministerium findet eine Krisensitzung statt.

27. Mai 1988. Das Interview mit Claus Peymann erscheint in der »Zeit«. (Siehe unter Absatz 28 dieses Artikels, Stichwort »Peymann löst die Staatskrise aus« und unter sämtlichen deutschen und österreichischen Zeitungen). (1988)

Peter Turrini mit vierundvierzig

Aus einem Gespräch: »In den Personalbüros der Stahlwerke liegen Listen mit Namen von Arbeitern, die in nächster Zeit entlassen werden. Auf diesen Listen steht das Wort ›Minderleister‹. Mit diesem Wort verbinde ich den schäbigen Versuch, die Krise der Stahlindustrie auf Kosten der Schwächsten auszutragen.« Abgedruckt ist dieses Gespräch im Programmheft zur Uraufführung von Peter Turrinis neustem Stück, das im Titel den Begriff auf den Entlassungslisten aufnimmt: »Die Minderleister«. Und geführt wurde dieses Gespräch mit keinem Fachmann für Wirtschaftsfragen, diese Äußerungen stammen von Peter Turrini selber. Dabei ist Peter Turrini nicht der kleinen Schar von Autoren zuzurechnen, die zwanzig Jahre nachdem die Studenten auf die Straße gegangen sind, sich noch immer in marxistischen Diskussionen erhitzen und im Gefühl leben, anderntags beginne die Revolution. Peter Turrini gehörte auch nie der schrumpfenden Gruppe von Autoren an, die gute Reportagen aus der Welt der Industrie und der Büros in Dramen mit Auftritt, Kostüm und Versmaß umgegossen haben und so ihre Reportagen ruinierten und kein Theaterstück zustande brachten. Unter den heute schreibenden Dramatikern ist Peter Turrini eine Ausnahme. Seine klare Bühnensprache, seine wuchtigen und poetischen Bilder, in denen seine Kritik an einem Fortschritt sich ausdrückt, der die Arbeiter aus den Fabrikhallen treibt (»Minderleister«), machen ihn heute zu einem ungewöhnlichen Autor.

Eine Ausnahme ebenfalls war es, mit welchem Nachdruck Peter Turrini die Literaturszene betreten hat.

Januar 1971, Wiener Volkstheater: Die Bühne ist in eine Müllhalde verwandelt (als habe Becketts ausgemergelte Abfallkübel-Ästhetik endlich zu einem politisch und sozial klaren Bild gefunden). Auf der Bühne agieren zwei Jugendliche, ein Mädchen, ein Junge. Es fallen Worte wie Scheißen, Brunzen, Vögeln, und das Paar entkleidet sich in einer Prozedur, die der Aufführung die Dramaturgie gibt. Gesprochen wird die Sprache der Wiener Schlossergesellen und Automonteure. Der Titel: »Rozznjogd«. Das Stück war ein Skandalerfolg. Die Zuschauer, damals noch an aufgeräumte Bühnen und an ein gut artikuliertes Schillerversmaß gewöhnt, erlitten (angeblich) Höllenqualen. Die Kritik reagierte auf die Alltagskonflikte von Jugendlichen, auf Sexualität und auf einen Doppelmord wie Kleinkinder, denen ihr Lieblingsspielzeug aus der Hand geschlagen wurde: mit Wut und Geschrei. Und dennoch eroberte sich die »Rozznjogd« Bühne auf Bühne in Österreich und anderswo. Die literarische Qualität des Stücks hatte sich durchgesetzt.

Ohne Frage paßte die »Rozznjogd« in ihre Zeit. Peter Handke hatte mit seiner »Publikumsbeschimpfung« den Anfang gemacht und das Theater als Illusionsbude bloßgestellt. Und genauso fraglos enthält die »Rozznjogd« viel 68er Gedankengut und noch mehr von der Stimmung dieser Tage. Peter Turrinis Bewunderung gehörte den Hippies und denen, die nach der Maxime lebten: »Die Scheißwelt soll sie mit ihrer Scheiße in Ruhe lassen«. Von der Mentalität, mit dem bürgerlichen Leben abzurechnen und die Kleinbürgertugenden als Lügen zu enttarnen, bekommen auch die beiden Jugendlichen im Stück einiges ab. Es wäre unrealistisch, sie auf eine griechische Insel in die Mitte einer Kommune zu verpflanzen und verharmlosend obendrein, aber was sie im Auto mit sich und miteinander treiben, enthält genügend Protest. Sie legen ab, woran sie leiden, Kleidung, Verhalten, Gesten: den Lebensstil den ihnen Eltern, Chefs, Werbeplakate als wertvoll eingebläut haben. Aber es wäre falsch, in Peter Turrini (am Beginn seiner Schriftstellerkarriere) nur den Autor sehen zu wollen, der vom damaligen Zeitgeschmack gezehrt und ihn geschickt bedient habe. Die »Rozznjogd« ist kein Hippiestück auf

Österreichisch, wie das darauffolgende, »Sauschlachten«, die in Fahrt gekommene Dialektdichtung, vom Autor selber mitbegründet, bloß fortsetzte.
Peter Turrinis Stücke aus den letzten zwanzig Jahren lassen sich nicht mit dem Hinweis auf jeweils aktuelle Themen, Trends oder mit Germanistenbegriffen auf eine Formel bringen. Selbst die Gründe für seinen Erfolg, sein Blitzdebüt – über Nacht brachte es ihm Ansehen, Prominenz und Feinde – und seine von da an weiter wachsende Popularität in seinem Land, lassen sich auf diesem Weg nicht ermitteln. Man muß schon in Peter Turrinis Biographie zurückgehen und in die Zeit, bevor er im Rampenlicht gestanden hat. Dort finden sich Lebensumstände, die Peter Turrinis Künstlerexistenz weitaus stärker geprägt haben, als alle lauwarmen Trendschwafeleien innerhalb und außerhalb von Feuilletonredaktionen (auf die Peter Turrini äußerst giftig reagiert) es vermochten und vermögen. Und zwar genau (der Einfachheit halber) drei.
Peter Turrini mit zehn: Glücklich war er bestimmt nicht. Vom Krieg hat er, geboren 1944, nichts mitbekommen, dafür aber von der Nachkriegszeit, für ihn ein Krieg anderer Art. Sein Vater war Kunsttischler und Italiener und hatte sich zum Geldverdienen in Sankt Magarethen und später in Maria Saal niedergelassen. Das war keine leichte Aufgabe. Der Faschismus galt in Österreich 1945 offiziell als beendet, ein Verwaltungsakt ohne weitere Folgen. Der Lehrer, der Postenkommandant, die Honoratioren im Dorf, Nazis, die sich den Nazis angedient hatten, waren wieder in ihren Ämtern installiert. Für das Kind eines ausländischen Vaters hieß das, schikaniert zu werden. Die Bauernjungen ließen ihn im besten Fall in der Schulklasse und auf dem Fußballplatz links liegen. Der Grund: Die Eltern hatten ihnen erzählt, Peter Turrini sei ein Mischlingsjunge (die Mutter stammte aus der Steiermark, das milderte die Sache ein wenig), der Sohn eines Gastarbeiters und das wollten sie als

Warnung verstanden wissen. Was blieb ihm, versehen mit einem Makel, den er nicht beseitigen konnte, also übrig? Was sollte er mit seiner Trauer, seiner Wut und dem Schmerz anfangen, den ihm Dünkel, Haß und Dummheit der Nachbarn beibrachten. Er fand einen Ausweg, und der war lebensrettend: die Phantasie. Durch sie konnte er sich eine Welt ausdenken, in der Spielkameraden auf ihn warteten, und, älter geworden dann, die von Mädchen bevölkert war, die sich küssen ließen und das schön fanden.

Wie ausgebrannt sich Peter Turrini Anfang der 50er Jahre in der österreichischen Provinz (die Armen bleiben arm, nur die Dorfhonoratioren mästeten sich am Aufbau) gefühlt haben muß, wie ungestillt sein Hunger nach Freunden und Gemeinschaft gewesen sein muß, kann man nur erahnen. Jedenfalls begann er seine Tagträumereien zu inszenieren. Es trieb ihn auf die Dorfstraße hinaus und in den Wald hinein, wo er sich seine Abenteuergeschichten ungestörter und lebhafter ausdenken konnte als zu Hause. Mit 14, 15 bot ihm aber auch der Wald keinen ausreichenden Schutz mehr, um sich in seine Romanzen mit einem herzzereißend verführerischen Liebhaber einzuspinnen und sich damit selber zu streicheln. Er entdeckte Sprache und Schrift und das, was man damit machen kann. Seine Kopfabenteuer und Kopflieben besaßen niedergeschrieben eine verblüffende Haltbarkeit. Das war die Geburtsstunde des Autors Peter Turrini.

Peter Turrini mit siebzehn: Die sechziger Jahre befinden sich am Anfang sofort auf ihrem Tiefpunkt. Bigotte Moral, beim Bier und in politischen Versammlungen wird der Gegner schon einmal als Saujude beschimpft. Niemand nimmt Anstoß. Und die Literatur? Sie gedeiht in den Werkstätten der österreichischen Schriftsteller und sonst nirgends. Die Verlage haben Besseres zu tun, als sich mit jungen Autoren abzuplagen, Gewinnträchtigeres. Und in der Provinz macht sich ohnedies verdächtig, wer ohne Androhung von Gewalt behauptet, er sei ein Dichter. In dieser verkrusteten, kunst-

feindlichen (auch die Kunst ist etwas Fremdes), reaktionären Zeit hatte Peter Turrini Glück. In Maria Saal (ausgerechnet) lebte zeitweise der Komponist und Mäzen Gerhard Lampersberg. Ihn traf er und Lampersberg, er bewohnte eine Villa oberhalb des Orts, bat Peter Turrini, dort zu lesen. Ein Aufstieg aus engen Verhältnissen in jeder Hinsicht. Dort begegnete Peter Turrini Hans Carl Artmann, Helmut Qualtinger, Thomas Bernhard, ihnen gewährte Lampersberger Logis, damit sie arbeiten konnten. Sie hörten sich in Peter Turrinis Dramolette ein, diskutierten Thema und Kunstmittel, ein Gegensatz zum Verhalten der Dorfnachbarn. Hier wurde er ernst genommen, hier konnte er für Stunden seinen Monolog mit sich unterbrechen, hier ist er auch die ersten Schritte als Autor gegangen. Er fand die Kraft, vor den Literaturgebirgen, die in den Buchregalen aufgetürmt auf ihn warteten, nicht zu kapitulieren, Zutrauen zur eigenen Arbeit, und im Umkreis dieser Autoren, älter als er und ausgestattet mit eigenwilligen Naturellen, wurde sein Formbewußtsein geweckt und geschärft.
Peter Turrini mit neunzehn: Es liest sich wie aus einem Handbuch für Arbeiterschriftsteller, nur läßt sich Peter Turrinis Lebenslauf selbst mit Mühe nicht in diese Schablonen pressen. Herkunft aus engen Verhältnissen plus Arbeit an der Werkbank ergibt eine Literatur über enge Verhältnisse und Arbeit an der Werkbank, so eine gängige Gleichung. Tatsächlich begann Peter Turrini nach der Matura in Klagenfurt in einer Fabrikhalle zu arbeiten, aber damit sind die Parallelen schon erschöpft. Was er tat und was ihm nicht schwer fiel: Er verabschiedete sich von seinem bisherigen Leben und wie es weiter hätte aussehen sollen. Er verabschiedete sich von Dorf und Stadt, er verabschiedete sich von jenem Aufsteigerdenken, das Fortkommen nur in Studium und Karriere sieht. Nur eines gibt er nicht auf, die Literatur. Sie wird vielmehr durch die Art von Lebenskampf, zu dem sich Peter Turrini entschließt, noch gefördert.

Was den Ausschlag dafür gegeben hat, daß Peter Turrini in die Fabrik ging und sich dort an den Hochofen stellte –? Mutmaßungen sind erlaubt. War es nach langen Jahren der Demütigung der Wunsch, er, Peter Turrini, müsse endlich den Beweis erbringen, was er zu leisten in der Lage ist, also Existenzrechtfertigung pur? Es ist denkbar, daß sich dieser aus Unglück an hochfahrenden Dialogen feilende junge Mann körperliche Arbeit und darunter wieder die schwerste ausgesucht hat. Dieser Entschluß hat sich, so sehr die Widersprüche auch Bedenken hervorbringen, jedoch nicht als grober Irrtum herausgestellt. Fast möchte man meinen, bei Peter Turrini habe sich ein ihm selber unbekanntes Wissen durchgesetzt, welcher Weg für ihn gut und nützlich sei. Der achtstündige Arbeitsalltag rückte ihm die Maßstäbe zurecht, was wichtig ist und was nicht. Turrinis Hang, wenn schon, dann die letzten Fragen der Menschheit zu gestalten, wich immer mehr Themen, konkreten Fragen seines Berufs- und Liebeslebens. Und: Die Zusammenarbeit mit den Kollegen bescherte ihm eine neue Erfahrung. Die Arbeiter fragten auch, weswegen er einen ausländischen Namen trage, diesmal aber aus Neugier. Bewertet wurde er danach, wie gut er zufassen konnte und welche Hilfe er beim Erzabstich war. Als Fremder unter Arbeitern (er blieb es, obwohl ihm die Muskeln anschwollen), war er den Makel los, den ihm im nachfaschistischen Österreich die Nationalität des Vaters aufgehalst hatte. Das hat seiner Autorenschaft bis heute Halt und Richtung gegeben, den entscheidenden Halt für seine Gefühle und Richtung bei der Wahl seiner Themen: »Die Minderleister«–Premiere im Mai 1988 – sind dafür nur das jüngste Beispiel.
Peter Turrinis Lebensreise führte in andere Branchen und andere Berufe. Nur einmal, in Bibione, war ihm eine Blitzkarriere vergönnt, er schaffte den Sprung vom Barmann hinter den Schreibtisch des Hoteldirektors. Ansonsten arbeitete er als Hilfsarbeiter in Neuwied, in Frankfurt am Main wollte er

sich zu einem Werbemenschen ausbilden lassen, in Wien später auch, bis er (ein Anklang an die beiden Jugendlichen in der »Rozznjogd«) Büro und Wien widerwärtig fand, über Nacht nach Rhodos floh und nur noch sich selber ausbilden wollte. Während dieser acht Jahre zwischen Abitur und der Aufführung der »Rozznjogd« war, so hilfreich Kritik und Lob der Kollegen auch sein mochten, die Literatur seine Heimat. Wo immer er sich befand, schrieb er. Hinter dem Tresen in Bibione, nach Feierabend in seinen Zimmern. Die Niederschrift von Wörtern, die sich zu Sätzen (manchmal ohne Satzzeichen wie in seinem ersten und bisher einzigen Roman »Erlebnisse in der Mundhöhle«, 1972) und Dialogen ordnen ließen – der Versuch, seinem Leben durch Sprache Gestalt zu geben, bot ihm Asyl und ließ ihn sein Überlebens-Kapital, die Hoffnung, nicht aufgeben.

Als dann 1971 die Uraufführung der »Rozznjogd« folgte und am 15. Januar 1972 in München die seines Einakters »Sauschlachten«, war die Überraschung groß und einige ratlose Vokabeln rasch bei der Hand. Von Provokation wurde gesprochen, als könne das Bühnengeschehen mit den Provokationen Schritt halten, die jede Nachrichtensendung verbreitet. Viele jedoch merkten, daß sich ein Autor seine Wut und Trauer vom Leib geschrieben hatte, was lange nicht geschehen war. Es war zu spüren, wie wenig dieser bisher unbekannte Autor mit den dürren Konventionen des schönen Repertoirspiels anfangen konnte, wie egal ihm Bildung und Halbbildung, Schiller, Goethe und die ganze geschmackvolle Klassikeranbetung auf sparsam möblierten Bühnen war, nicht weil er gegen Schiller oder Goethe etwas einzuwenden hatte – er besaß ein Thema. Und dazu verwendete er die passende Sprache (die den feinen Künstlerseelen im Publikum einen derben Stoß versetzte): Dialekt. Eine Katastrophe für die einen, und eine Sensation für die anderen. Für Peter Turrini ein Schritt in einer Entwicklung, die in seiner Kindheit einsetzte.

Sicher sollte die »Rozznjogd« die Bürger auch erschrecken, weswegen auch nicht. Der Müllberg auf der Bühne war schon als revolutionäre Tat gemeint und auch die Version des Schlusses, wenn von der Bühne ins Publikum geschossen wird, verdankte sich der Überzeugung, kräftige Gebärden und krasses Verletzen der Bühnengepflogenheiten setzte auch die Revolution außerhalb des Theaters in Gang. Daß der Augenblick sich zur Revoltc eigne, dieser Meinung waren ja nicht nur die Theaterleute. Es war der Zeitgeist – damals. Turrinis Stücken kam in Österreich auch die Stimmung bei den Zuschauern entgegen, die nach jemandem suchten, der sie aus ihrem zwanzig Jahre währenden Abonnentenschlaf weckte. Bald aber setzte Ernüchterung ein. Die Autoren begriffen, welche Nichtrevolution sie entfacht hatten. Was der bürgerliche Magen zu verdauen in der Lage ist, davon besaßen sie naive und harmlose Vorstellungen. Und auch die Zuschauer, nachdem sie mit Stücken aus dem Leben der Landbevölkerung, der Arbeiter, der Handwerker und ihrem Elend in Grausen versetzt wurden, suchten nach neuen Reizen. Ein fluchender Bauer im Schweinestall löste keinen ausreichenden Kitzel mehr aus. Peter Turrini konnte der Einsicht nicht ausweichen, daß auf der Bühne die politischen Kämpfe nicht entschieden werden. An seiner grundsätzlichen Liebe zum Theater änderte das nichts.
Die »Rozznjogd«, aber auch spätere Stücke wie »Josef und Maria« und das, wegen seines sozialen Klimas überraschende Stück »Die Bürger« zeigen: Peter Turrini ist ein begabter Erotiker, genauer: Er hat ein entwickeltes Gespür dafür, wann in das schauerlich schöne Spiel von Hingabe und Rückzug (viele Szenen beziehen daraus ihre Wärme) Gewalt einbricht. Und er besitzt ein außerordentlich waches Gerechtigkeitsempfinden. In einem Satz wie: »Du hast ja meinen Lohnstreifen gesehen... was ich verdiene... glaubst, mit dem Geld kann ich mir nicht jeden Tag einen Schuß (gemeint ist Orgasmus) leisten«, er klingt nach Ju-

gendjargon und ist es auch, kommt das alles zusammen: Blick für Lust und Zärtlichkeitsverlangen, klare Darstellung der sozialen Lage, beides miteinander kombiniert, und darin liegt Peter Turrinis literarische Leistung. Mit den Mitteln der Kunst schafft er auf der Bühne Augenblicke, die wie ein Wirklichkeitsausschnitt wirken. Ein Vorgang, den zu bewerkstelligen Kunstverstand, Formgefühl und Peter Turrinis Talent nötig sind.

1973, Krise und wie sie überwunden wurde: 1980 fand die Uraufführung von »Josef und Maria« durch das Wiener Volkstheater beim »steirischen herbst« statt. Bis es zu diesem hochdramatischen Stück kam, in dem eine Putzfrau und ein Wachmann am Heiligabend in einem Kaufhaus aufeinandertreffen, mußte Peter Turrini die Erfahrung verarbeiten, daß diese Putzfrau und dieser Wachmeister in der Regel nicht zu den Theaterbesuchern gehören, und auch nicht die Arbeiter in seinem neuesten Stück »Die Minderleister«. Die Auseinandersetzung mit der Tatsache, daß die Theater nicht in der Nachbarschaft von Fabriken errichtet wurden und daß die Besucher selten seine Lieblingsfiguren, kleine Leute aus der Provinz, sind, führte zu zwei Konsequenzen. Peter Turrini entschied sich, für das Fernsehen zu arbeiten, und er hat sich politisch direkter und häufiger mit politischen Essays und Reden zu Wort gemeldet.

Fernsehfilme, ihre Stärke und ihre Schwäche, können ein Millionenpublikum erreichen, und Fernsehgeräte stehen nahezu in jedem Haushalt. Turrini nutzte diesen Umstand und schrieb gemeinsam mit dem Schriftsteller Wilhelm Peony über die Bauern mit kleinen Gehöften und über das Gesinde mit noch geringerem Auskommen eine sechsteilige Fernsehserie. Angelegt waren die Folgen als Geschichte des Bauernstandes in den Bergen bis zur Gründung der Österreichischen Republik, ihr Titel: »Alpensaga«, und diese sechs eineinhalb Stunden dauernden Filme lockten mehr Zuschauer an die Geräte als Shows von pubertären Schlagersängern. Ein Erfolg, dem umfangreiche Recherchen bei den Betroffenen vorausgingen, und der nicht nur die Behauptung widerlegt, im Fernsehen wolle niemand mit dem eigenen Alltag und mit der eigenen Geschichte behelligt werden. Die Arbeit an der »Alpensaga« brachte Peter Turrini eine Seite seiner Autorenschaft zu Bewußtsein, für die er bis dahin keinen Blick besessen hatte, für Provinz und Heimat. Er selber bezeichnet sich als Heimatdichter und sieht darin keine ironisch gemeinte Pointe. Wie tief er sich mit dem geographischen Ort Österreich verbunden fühlt und mit den dort lebenden Menschen, äußerte er in einem Interview: »Ich könnte im Augenblick ohne Österreich überhaupt nicht existieren und könnte mir keinen anderen Platz zum Leben und keinen anderen Platz zum Arbeiten vorstellen«. Der, dem die Literatur Heimat gewährt, möchte sie ausdehnen auf Orte, auf Menschen: Gibt Peter Turrini nicht einer verstehbaren und dennoch falschen Sehnsucht nach? Er hat doch gesehen, erlebt und erlitten, was Heimat in seinem Dorf war: Ein Dekor aus Brauchtum, Trachten, Blasmusik und das Sichbekreuzigen in der Kirche. Und dahinter, was sollte das Dekor, was sollten die gemütlichen Kulissen verbergen? Fremdenhaß, Ausbeutung, Gewalt. Wie kann man da auf die Karte »Heimat« überhaupt noch einen Groschen setzen? Damit er seine Vorstellungen von Heimat nicht endgültig preisgeben muß, schreibt er auch Reden, Aufsätze und Polemiken, und dieser essayistische Teil seines Werks besteht längst nicht mehr aus Gelegenheitsprodukten. Gewisse Parallelen zu Pasolinis Freibeuterschriften lassen sich ziehen. Hier wie da ergreift ein Außenseiter, ein Künstler, ein politischer Kopf zu Tagesfragen das Wort, mit dem festen Willen, sich einzumischen, Faschismus Faschismus zu nennen, an die Stelle des Begriffs »Kapitalismus« nicht das Wort »Sozialpartnerschaft« zu setzen und die Moral höher zu achten als Parteidoktrin, wenn auch die Erfahrungen und Themen andere sind.

Mit Brecht teilt Turrini die Ansicht, das Böse müsse Namen und Adresse haben. Und mit Karl Kraus teilt er den Hang, Namen und Adressen laut und verstehbar auszusprechen. Es ist deshalb kein Zufall, daß Peter Turrinis politische Essays häufig in der Form der Rede abgefaßt sind. Ohne diesen Aspekt überbewerten zu wollen und ohne zu übersehen, daß die Rede Peter Turrinis Dramatikertalent entgegenkommt oder in der noch simpleren Tatsache begründet ist, von Jugendlichen, die ein Jugendzentrum besetzt haben, von Arbeitern der verstaatlichten Grundstoffindustrie, von politischen Gruppen, die in Landes- und Bundesparlamenten ihre Interessen nicht vertreten können, eingeladen zu werden – abgesehen davon, wollen seine politischen Aufsätze, Anreden, Ansprachen sein. Sie wollen das Schicksal der slowenischen Autoren in Österreich und damit das von Minderheiten, die Kungeleien der Politiker um Macht und Einfluß nicht in abstrakten Zusammenhängen erläutern. Zum Seminaristen fehlt Peter Turrini Ruhe, Gleichmut und der Fanatismus der Rechthaber. Er klagt an, die Sozialdemokratie und die Sozialdemokraten, Österreich und Kurt Waldheim, die Arbeitslosigkeit und die Manager der verstaatlichten Industrie. Und er wird gehört, von denen, für die er sich einsetzt und denen, denen er gemeinsame Sache mit den Unternehmern, Lüge, verächtlichen Umgang mit Menschen vorwirft.

Vielleicht ist Peter Turrini hier am österreichischsten. Ihm mißfällt das allgemeine Stammtischgerangel, ihm mißfällt der Wunsch der Politiker, sich auf Gartenpartys neben einem Autor (wer ist kein Kulturmensch?) fürs Boulevardblatt fotografieren zu lassen, wenn es ihm aber darum geht, die offiziellen Heucheleien aus Anlaß der 50igsten Wiederkehr der Okkupation Österreichs bloßzustellen, dann ist er sich aus Demonstrationsgründen nicht zu schade zu sagen, daß es in Österreich einen Hitlerfaschismus gegeben habe und einen christlichen Faschismus. Ihm ist wichtig, diese

politische Wahrheit auszusprechen und ihm ist wichtig, daß Kurt Waldheim und Freunde, die sich zur gleichen Zeit und wegen desselben Anlasses im Zimmer oberhalb des Rednerpultes in Pose geworfen haben, Ohrzeuge sein können.
Peter Turrini mit vierundvierzig, also heute: Er könnte zurückblicken auf zehn Theaterstücke, darunter Umschriften von Goldinis »Wirtin« und Beaumarchais »Der tollste Tag«, aber er tut es nicht. Er könnte die Drehbücher von mehr als zehn Filmen durchblättern, darunter auch eines über jugendliche Selbstmörder, aber er tut es nicht. Er könnte seine Gedichte, sie enthalten seine persönlichsten Mitteilungen, die er bisher von sich preisgegeben hat, wieder und wieder lesen, aber er tut es nicht. Er könnte sich sogar als Vortragsreisender mit seinen Reden kreuz und quer durch Österreich auf die Reise machen und abends bei Bier, Wein und wohlgelauntem Publikum darüber nachdenken, wie seine Generation von Schriftstellern, Michael Scharang, Wolfgang Bauer, Gernot Wolfgruber, auch Peter Handke, in den engen Lebensverhältnissen der Provinz zur Literatur gefunden hat und welche Kämpfe bestanden werden mußten, bis sie gedruckt, gelesen, aufgeführt wurden, aber Peter Turrini tut das nicht. Stattdessen schließt er sich in ein Kloster in Retz nördlich von Wien ein und schreibt. »Die Minderleister« entstanden dort. An Gedichten wird gefeilt.
Peter Turrini mit vierundvierzig: ein Schriftsteller, erfolgreich (einstmals begünstigt von der Tendenz, heute Feind des Zeitgeistes und insofern erfrischend unmodern), erfahren in den Dingen der Literatur und der Politik. Kein Nörgler, keiner der den geheimnisvollen Weg nach Innen angetreten ist, kein vom Weltschmerz anmutig Gebeugter, dafür einer der widerspricht mit einfachem Ausdruck und klaren und kraftvollen poetischen Bildern – ein Schriftsteller bei der Arbeit.

Klaus Siblewski

Die Quellen

*Zwei Briefe** Brief an den Bühnenverlag, geschrieben im Zusammenhang mit dem Stück »Rozznjogd«, 1971, Erstabdruck in Turrini Lesebuch, Europa Verlag, Wien 1978. Brief an den Regisseur Götz Fritsch, 1971.

*Schicksal und Wende** Beantwortung der Frage: »Woran arbeiten Sie gerade«, Bayer. Rf., 1972.

*Kritikerbeschimpfung** Wortmeldung bei der »Woche der Begegnung«, Literatursymposion, Klagenfurt 1972.

*Moral und Unmoral** Geschrieben 1972, veröffentlicht unter dem Titel »Rede an die besoffene Nation« auf LP »Es ist ein gutes Land«, Sprecher: Helmut Qualtinger, Ton-Collagen: Uzi Förster, Preiser Records SPR 9964, 1973.

*Witz und Macht** Text zur ÖEA des Stücks »Der tollste Tag« am Grazer Schauspielhaus, Erstabdruck »Neue Kronen Zeitung«, 1972.

*Umfrage** Antworten Peter Turrinis auf drei Fragen, die auch Axel Corti, Ernst Fuchs, Friedrich Heer, Friederike Mayröcker, Bernhard Wicki, Wolfgang Schneiderhan gestellt wurden, »Neue Kronen Zeitung«, 1973.

*Manifest** »Manifest der österreichischen Kulturnebulotion«; Text für LP »Es ist ein gutes Land«, Sprecher: Helmut Qualtinger, Ton-Collagen: Uzi Förster, Preiser Records SPR 9964, 1973.

*Bildung, Ausbildung** Rede anläßlich der 75-Jahr-Feier der Wiener Urania, Erstabdruck Kulturzeitschrift »Neue Wege«, 264, Mai 1973.

*Kulturkritik** Beitrag zur »Woche der Begegnung«, Klagenfurt 1974, Erstabdruck unter dem Titel »Schlachtet die Kritiker« im »Neuen Forum«, 251, Nov. 1974.

*Dilemma** Vorwort zur Buchausgabe der 1. Folge der sechsteiligen Fernsehserie »Alpensaga«, »Der Dorfschullehrer«, Edition Roetzer in Zusammenarbeit mit dem Thomas Sessler Verlag, Wien 1974.

*Terrorismus** »Über den Terrorismus«, Beitrag für das Turrini Lesebuch, Europa Verlag, 1978, Vorabdruck »Neues Forum«, 189/1978 unter dem Titel »Spitze des Eisberges. Über den Terrorismus«.

*Adolf Frohner** Essay zu Adolf Frohners Bildern, Erstabdruck im Ausstellungskatalog der Galerie Albertstraße, Graz, zur Adolf-Frohner-Ausstellung »Körperrituale«, März 1977.

*Dr. Taus** Spontane Rede anläßlich der Präsentation von Klaus Staecks Plakaten in der Alten Schmiede, Erstabdruck in den »Kulturkontakten«, April 1979.

*Volkskultur** Rede anläßlich des Literatursymposions »Kulturkontakte 1979« in St. Veit an der Glan, Erstabdruck in den »Kulturkontakten«, 1979.

*Biographie des Lesens** Beitrag in: Lesebilder, Geschichten und Gedanken zur literarischen Sozialisation; Lektürebiographien und Leseerfahrungen. Herausgegeben von Dietmar Larcher und Christine Spiess, Rowohlt-Verlag, Reinbeck bei Hamburg 1980, S. 36–41.

*Heimat** Vorwort zur Buchausgabe der sechsteiligen Fernsehserie »Alpensaga«, Residenz Verlag, Salzburg 1980.

*Janko Messner** Nachwort zum »Kärntner Heimatbuch« von Janko Messner, Editoriale Stampa Triestina, Triest 1980, Abdruck im »Extrablatt«, Januar 1980.

*Stimmungsbilder zur Lage der deutschsprachigen Minderheit in Kärnten oder : Wie sieht es aus, wenn es einmal umgekehrt aussieht?** Geschrieben anläßlich des Festes der Kärntner Slowenen am 11. Oktober 1980, abgedruckt in »die linke«, Nr. 2, Oktober 1980.

*Literatur und Kirche** Beitrag zum Thema »Kunst und Kirche« für die »Furche« vom 15. 4. 1981.

*Gerhart-Hauptmann-Preis** Rede anläßlich der Verleihung des Gerhart-Hauptmann-Preises der Freien Volksbühne Berlin am 23. 11. 1981, auszugsweiser Abdruck in diversen Zeitungen der BRD, erstmals vollständig abgedruckt in Turrini Lesebuch zwei, Europa Verlag 1983.

*Wohnungssuche – alphabetisch** Beitrag für die Kulturzeitschrift »Trans-Atlantic« unter dem Titel »Karma kennt keinen Spaß«, März 1981.

*Heimat, deine Verrückten** Rede anläßlich der »Kulturkontakte 1981« im Kulturzentrum Mattersburg am 26. Juni 1981, eine ähnliche Rede hat Peter Turrini am 20. Juni 1981 anläßlich der Hauptversammlung der Naturfreunde Österreichs in Seefeld in Tirol gehalten, Abdruck in den »Kulturkontakten«, 1981.

*Friedensfest** Rede anläßlich der Veranstaltung »Künstler für den Frieden« in der Wiener Stadthalle am 6. 11. 1982, Erstabdruck im Turrini Lesebuch zwei, Europa Verlag 1983.

*Karl Marx** Text zum 100. Todestag von Karl Marx am 14. 3. 1983, abgedruckt im »Extrablatt«, März 1983.

*Schulaufsatz zum 10. Oktober** Veröffentlicht in Mladje 1983.

*Provinz** Rede anläßlich der Preisverleihung des Literaturwettbewerbes »Peter Rosegger und wir«, an dem Peter Turrini als Jurymitglied teilgenommen hat, veranstaltet vom Kulturreferat der Stadtgemeinde Mürzzuschlag in Zusammenarbeit mit der Stadtbücherei, Oktober 1983.

*Slowenische Literatur** Rede anläßlich der Präsentation slowenischer Schriftsteller in der Alten Schmiede in Wien am 19. 3. 1983.

*Zensur** Referat für die Veranstaltung »Trendwende und Zensur« der Grazer Autorenversammlung am 10. Mai 1984, auszugsweise abgedruckt in »Nie wieder 1984«, Autorensolidarität, Informationsschrift der IG Autoren, Mai/Juni 1984.

*Faschismus** Rede zum Gedenken an 15 hingerichtete slowenische Antifaschisten in der Todeszelle des Grauen Hauses, Wien am 27. April 1985.

*Schönsein? Wohlfühlen?** Eröffnungsrede der Veranstaltungsreihe »Literatur im März« am 22. Februar 1985 im Museum für angewandte Kunst, Abdruck in der »Wochenpresse« vom 27. 2. 1985.

*Frauen und Männer** Statements Peter Turrinis aus einem Gespräch mit Alice Schwarzer unter dem Motto »Schwarzer und Turrini im Duell(Duett)« während der Veranstaltung »Literatur im März« im Künstlerhaus, Wien 1985.

*Laudatio** Rede anläßlich der Verleihung des Gerhard-Freund-Ehrenrings 1986 an Dr. Peter Huemer am 29. April 1986 im Palais Auersperg.

*Waldheim I** Beantwortung einer Frage aus dem Publikum nach einer Lesung an der University of Leeds, German Department, April 1986.

*Die Bewohner des Stammtisches** Rede, gehalten am 5. Juni 1986 im Wiener Volkstheater, »Künstler gegen Waldheim«.

Die Deutschen und die Österreicher Der Essay entstand 1986 und wurde mit dem Titel »Die toristische Bananenrepublik«, leicht gekürzt, abgedruckt im Spiegel, Nr. 46, 1986.

Helmut Qualtinger Die Rede wurde am 1. Oktober 1986 im Akademietheater vor der Premiere von Carl Merz' und Helmut Qualtingers »Der Herr Karl« gehalten.

Waldheim II Die Rede wurde am 8. 7. 1986 gehalten auf dem Stephansplatz zur selben Zeit als im Österreichischen Parlament die Vereidigung (Angelobung) Kurt Waldheims stattfand. Während dieser Gegenveranstaltung wurde auch zum ersten Mal das Hölzerne Pferd mit SA-Kappe auf den Platz gezogen. Bisher unveröffentlicht. Zitate aus der Rede waren in englischen und amerikanischen Tageszeitungen zu lesen.

Staatsveredelung oder Die Kritik muß jetzt aufhören Erstveröffentlichung in »Das Jüdische Echo«, Oktober 1987.

Sozialschmarotzer? Rede anläßlich der 1. Österreichischen Verstaatlichten Konferenz am 23. 5. 1987. Die Arbeiter und Betroffene der Massenentlassungen hatten Peter Turrini und neben ihm Wissenschaftler aus verschiedenen Sparten eingeladen, um gemeinsam mit ihnen zu besprechen, wie die Krise in der verstaatlichten Grundstoffindustrie abgewendet werden kann.

Die Wahrheit ist zumutbar Rede, gehalten am Ballhausplatz am 12. 3. 1988 unter dem Fenster von Kurt Waldheims Amtssitz während einer Gegenveranstaltung zu den offiziellen Feierlichkeiten zum 50igsten Jahrestag der Okkupation Österreichs. Veranstalter: Republikanischer Club. Erstdruck im Programmheft zur Uraufführung der »Minderleister«.

Staatstheater (ein Minidrama) bisher unveröffentlicht.

Österreich, Wien, Burgtheater, Peymann Geschrieben für das Jahresheft von »Theater heute«, 1988.

Die mit * versehenen Beiträge wurden mit freundlicher Genehmigung des Europa Verlages, Wien abgedruckt.

Österreichische Autoren

im Luchterhand Literaturverlag

Wien, Wien allein
Literarische Nahaufnahmen
Hg. Erich Hackl
SL 705

Josef Haslinger
Politik der Gefühle
SL 692

Josef Haslinger
Der Tod des Kleinhäuslers Ignaz Hajek
Novelle
96 Seiten. Leinen

Ernst Jandl
für alle
SL 566

Ernst Jandl
der gelbe hund
SL 390

Ernst Jandl
selbstporträt des schachspielers als trinkende uhr
92 Seiten. Broschur
Auch als SL 645
»Diese Gedichte aber gehören zum Bittersten, Schwärzesten, das ich seit langem gelesen habe. Es ist nicht mehr die Sprache, mit der Ernst Jandl jongliert – es ist die Verzweiflung selbst.«
Benedikt Erenz, Die Zeit

Michael Scharang
Harry
Eine Abrechnung
116 Seiten. Leinen

Michael Scharang
Charly Traktor
SL 573
Alles schien entschieden, als er die Schule verließ. Wie für die meisten in seinem Dorf wartete auf ihn eine Arbeit beim Bauern, lebenslänglich. Da entschloß er sich lieber, ein Wagnis einzugehen und in die Stadt zu ziehen. Wien? Von dieser Stadt träumte er seit seiner Jugend. Dort trifft er die Verkäuferin Elfi und verliebt sich in sie.
»Um es gleich vorweg zu sagen: die schlagende Evidenz dieser Geschichte hat mich nachhaltiger überzeugt, als alle andere Literatur zum Thema (...). Mit geradezu unheimlicher Genauigkeit demonstriert Scharang, wie es einem ergeht, der nicht sagen kann, woran er leidet.« *Michael Krüger, FAZ*

Michael Scharang
Die List der Kunst
SL 615

Peter Turrini
Rozznjogd/Rattenjagd
Luchterhand Theater
80 Seiten. Broschur

Peter Turrini
Mein Österreich
Reden, Polemiken, Aufsätze
SL 811